Hans Korteweg

GESCHENK DER JAHRE

HANS KORTEWEG

GESCHENK DER JAHRE

Ein Lebensbuch für Geburtstagskinder

Walter-Verlag
Solothurn und Düsseldorf

Originaltitel: Nog vele jaren – De symboliek van elk levensjaar.
Een boek voor het leven geschreven door Hans Korteweg
© 1992 Hans Korteweg
© 1992 Uitgegeven door Servire Uitgevers bv, Cothen

Übersetzung aus dem Niederländischen von Anne Stolz

Die Deutsche Bibliothek – CIP-Einheitsaufnahme

Korteweg, Hans:
Geschenk der Jahre : ein Lebensbuch für Geburtstagskinder /
Hans Korteweg. [Übers. aus dem Niederländ. von Anne Stolz].
– Solothurn ; Düsseldorf : Walter, 1994
Einheitssacht.: Nog vele jaren <dt.>
ISBN 3-530-48851-8

Alle Rechte der deutschen Ausgabe vorbehalten
© Walter-Verlag AG, 1994
by arrangement with Servire Publishers, Ossenwaard 14,
3945 PG Cothen, The Netherlands
Satz: Fotosatz Moers, Mönchengladbach
Druck und Einband: Clausen & Bosse, Leck
Printed in Germany
ISBN 3-530-48851-8

Inhalt

Vorwort

Dieses Buch handelt von dem, was uns am nächsten liegt: unser Leben – das Leben des Menschen von null bis vierundachtzig. Es ist ein Buch fürs Leben, wie man so sagt.

An jedem Geburtstag kann man eine Seite dieses Lebensbuches umblättern und lesen, was das Neue ist, das im kommenden Jahr Gestalt annehmen kann.

Dabei geht es jeweils um eine andere Qualität, denn jedes Alter bietet im Zusammenhang mit den vorangegangenen Jahren eine ganz besondere Möglichkeit, ein glücklicher und erfüllter Mensch zu werden. Es ist, als bekämen wir zu jedem Geburtstag ein Geschenk, das zu unserem Alter paßt und das wir dann während eines Jahres auspacken und, wenn wir wollen, in unser Dasein aufnehmen können.

Die einzelnen Jahre sind Bestandteil einer größeren Wellenbewegung. So gibt es im Leben drei Perioden von achtundzwanzig Jahren, die ihrerseits in vier Phasen von je sieben Jahren unterteilt werden können. Weil diese Lebensphasen so wichtig sind, habe ich bei jedem Jahr angegeben, in welche längere Lebensperiode es fällt und zu welcher Lebensphase es gehört. Je älter man wird, um so unerheblicher werden die einzelnen Lebensjahre, um so mehr Bedeutung bekommen aber die mehrjährigen Lebensphasen. Aus diesem Grunde habe ich die letzten vierzehn Jahre des gesamten Zyklus von vierundachtzig Jahren nicht einzeln beschrieben, sondern zu Perioden von sieben Jahren zusammengefaßt. In der Allgemeinen Erläuterung, mit der ich das Buch beschließe, gehe ich näher auf den Aufbau und die Bedeutung der verschiedenen Lebensphasen ein.

Es hat mir viel Freude gemacht, *Geschenk der Jahre* zu schreiben. Ich konnte alles darin zusammenbringen: meine Kenntnisse der Psychologie, meine Liebe zu Mythen und Märchen, die Faszination, die Zahlen und kosmische Muster auf mich ausüben, und meine Lebenserfahrung. Die Linien eines ganzen Lebens liefen zusammen. So konnte ich, Jahr um Jahr, meine Geschichte vom Leben in seiner Gesamtheit erzählen. Über die Hintergründe meines Schreibens läßt sich noch mehr sagen. Das habe ich ausführlich in der Allgemeinen und in der Persönlichen Erläuterung getan. Wer mehr über das Gedankengut wissen möchte, auf dem meine Beschreibung der Lebensjahre basiert, sollte die Erläuterungen lesen. Unbedingt notwendig ist das jedoch nicht. Das Buch spricht für sich.

Zum Schluß möchte ich nicht versäumen, all denen meinen Dank auszusprechen, die in irgendeiner Weise am Zustandekommen dieses Buches beteiligt waren. Unermeßlich viel habe ich meinem Lehrmeister Reinoud Fentener van Vlissingen zu verdanken; ohne seine Mithilfe und Beratung, wobei er mir jedoch völlige Freiheit ließ, hätte ich dieses Buch nicht schreiben können. Frau Cornelia Korteweg, Herr R. Bosschaart, Piet Deunhouwer und Rogier Fentener van Vlissingen haben mir im entscheidenden Augenblick den Weg gewiesen oder mir unentbehrliche Informationen verschafft. Hanneke Korteweg-Frankhuisen und Jaap Voigt haben mir mit Engelsgeduld geholfen, meine Form zu finden. Ihnen allen gilt mein Dank.

Ich widme *Geschenk der Jahre* meinen Kindern Merel, Esther, Liesbeth, Judith und Anna – in Zuversicht.

Hans Korteweg

0 bis 28 Jahre – Aufbau der Persönlichkeit

Die erste Phase
0 bis 7 Jahre
Aus dem Himmel

Der allererste Beginn des Menschendaseins. Aus dem Unbekannten kommt das Kind auf die Erde. Es bekommt einen Namen, und die Eltern nennen es *ihr* Kind, aber zunächst ist es mehr ein Kind der Einheit als der Welt der Dualität. Es kennt sich selbst noch nicht als ein «Ich», und es unterscheidet sich noch nicht von der Umgebung.

In bezug auf seine Bedürfnisse (Nahrung, Wärme, Liebe und so weiter) ist es vollkommen von der Umgebung abhängig. Ohne die Hilfe der Umgebung würde es innerhalb kurzer Zeit sterben.

Allmählich entsteht in dem Kind ein erstes Ich-Bewußtsein. Es wird schüchtern, und es entwickelt einen bestimmten Charakter. Von jetzt an ist es nicht mehr ständig in die Einheit eingebettet. Es verläßt das Paradies.

Parallel dazu ist das Kind körperlich enorm gewachsen. Es hat außerordentlich viel gelernt, kann laufen und sprechen, ist sauber und hat eine große Handfertigkeit erworben. Es will alles wissen. In keiner Lebensperiode geschieht so viel wie in dieser ersten Phase. Nun geht es in die Welt hinein.

0

Aus dem Licht
ins Licht
Kind
Wir geben Dir
einen Namen
Du weißt nichts
denn Du weißt alles

Wachse so weiter
noch viele Jahre!

1

2

Mama Papa ich
lieb aua ja bäh
bös nein mmm schmeckt gut
Hause gehn
Heia machen

3

Aus der Straße raus,
überall gucken,
selbst tun,
tragen.

Das mag ich nicht.
Darf ich ein Eis?
Ich möchte ein Eis.
Ich will aber ein Eis!

Ich will jetzt schlafen,
ich will auf den Schoß,
Geschichte erzählen.
Lieb.

Die 3 ist das kreative Kind. Voller Erwartung und ängstlich tut es sich hervor und verbirgt sich wieder, es verliert und es findet.
Indem es das Nein und das Ja erprobt und sich an die Zweiheit gewöhnt, findet es nach und nach eine eigene Ausdrucksform.

4

Wo sind wir jetzt?
Und dann?
Warum?

Wie viele Augen hat ein Affe
auf dem Rücken der Giraffe?

Sommer, Winter,
Frühling, Herbst.
Morgen, Mittag,
Abend, Nacht.
Vorn und hinten,
oben und unten.

Eins, zwei, drei, vier, zehn.
Wer sich versteckt, wird nicht gesehn.

Die 4 ist die wahrnehmbare Welt.
Die 4 ist auch, in der Nußschale, das Lebensspiel, das gespielt wird. Das Fundament der Persönlichkeit ist gelegt.
Die ersten Linien des persönlichen Lebensschicksals sind abgesteckt. Das Spiel kann beginnen.

Die 4 ruht noch in der Ur-Ordnung, nimmt aber schon ganz Form an im Raum und in der Zeit.

Spieglein, Spieglein an der Wand,
wer ist die Schönste im ganzen Land?
Oder die Häßlichste, Netteste, Dümmste,
die Stärkste, Liebste, Krümmste?

5

Das Kind wird wach, hellwach,
setzt sich auf, sieht sich nach allen Seiten um,
spielt mit dem, was es sieht,
ohne nachzudenken,
ständig neugierig.
Plötzlich ist es still und fragt sich:
«Was tu ich? Warum hab ich das getan?»

Unschuld betrachtet Unschuld
und verläßt spielend das Paradies.
Die 5 schaut sich selbst an und sieht,
daß sie ein Junge oder ein Mädchen ist.

Die 5 ist klare Intelligenz, die wahrnimmt,
um sich herum und in sich selbst.
Die 5 fängt an, eine Meinung über sich selbst zu
haben, im Vergleich zu anderen.
Mit 4 konnte man sich zwar schon schämen,
mit 5 gesellt sich die Schuld zur Scham.
Das Selbstverständliche zerbricht
und wird nun wirklich gut und böse.

6

Die 6 geht zur Schule.
Die Mutter steht hinter dem Kind.
Es ist wach und beweglich
und schläfrig und träge.

Es lernt Zahlen und Linien und Buchstaben.
Es träumt von wogenden Farben.
Und auf der Grenze zwischen Träumen und Wachen
liebt es schöne Geschichten,
die ein gutes Ende nehmen,
aber kurz auch spannend sein dürfen.

Die 6 ist klein und groß.
Die 6 hat ihre helle Freude am Leben
und abends manchmal, nur eben,
Angst vor dem Tod.

Die zweite Phase
7 bis 14 Jahre
Wer ich alles bin

Das Kind lernt die vielen verschiedenen Facetten seiner selbst kennen. Es wächst in jeder Hinsicht. Jetzt bekommt es wirkliche Freunde und Freundinnen. Es gehört zu einer bestimmten Gruppe. Es fängt an, sich zu einer ausgesprochenen Persönlichkeit zu entwickeln.

Am Ende dieser Periode ist es groß geworden. Groß, wie es nun ist, stößt es an die Grenzen seiner Existenz. Noch immer hat es einen Gefühlskontakt zu der Einheit, aus der es hervorgegangen ist, aber Raum und Zeit und die Entdeckungen, die es darin macht, nehmen seine Aufmerksamkeit fast ganz in Anspruch.

7 Die Jesuiten pflegten zu sagen, es sei unerheblich, was jemandem nach seinem siebten Lebensjahr widerfahre, wenn die Erziehung nur bis dahin unter ihrer Aufsicht stehe.

In den ersten sieben Jahren wird «der Teig» zusammengestellt, geknetet und in die Backform gegeben. Dann geht er in den Ofen. Wieder für sieben Jahre.

Das Kind ist nun wirklich schulreif. Mit großer Begeisterung sammelt es Wissen. Die Kenntnis nimmt zu, und es entsteht ein Abstand zwischen der mentalen Welt und der Gefühlswelt.

Fast jedes Menschenkind schlägt von diesem Jahr an eine der beiden Richtungen ein: die Gefühlsrichtung oder die Denkrichtung – den Weg der Liebe oder den Weg der Weisheit. Für fast jeden Menschen wird es denn auch später zur Lebensaufgabe, diese beiden wieder zu einem Ganzen zu verschmelzen, zu Liebe-Weisheit.

Man kann sagen, daß Vater und Mutter sich trennen, wenn das Kind 7 Jahre alt ist. Es geht nicht um die leiblichen Eltern, sondern um die inneren, den archetypischen Vater und die archetypische Mutter, die zwei verschiedene Lebenseinstellungen verkörpern: die Lebensfragen verstandesmäßig zu beantworten oder dem Lebensstrom gefühlsmäßig zu folgen.

Wenn diese innere Trennung stattfindet, folgt das Kind einem von beiden. Später im Leben lernt es vielleicht, Vater und Mutter wieder zu vereinen und zuzulassen, daß sie sich vollkommen lieben. Wenn das Große

Werk – wie die alten Alchimisten es nannten – gelingt, fühlt der Mensch mit seinem Kopf und denkt mit seinem Herzen.

8   Der Abstand, der mit 7 Jahren zwischen Herz und Kopf entstanden ist, wird mit 8 Jahren spannungsvoll. Die 8 ist die Zahl der Spannungen. Spannung zwischen unten und oben, zwischen ungebundener Energie und Vorschriften und Regeln, zwischen Mädchen und Jungen. Im achten Lebensjahr beginnt das Kind, deutlich einen eigenen Platz einzunehmen. Es bekommt eine gewisse Widerborstigkeit. Es wird eckiger und stößt leichter mit seiner Umgebung zusammen.

Freundschaften entstehen und hören wieder auf. Grüppchen bilden sich. Anführer tun sich hervor und wetteifern um den ersten Platz. So gründet sich im achten Jahr eine erste bewußtere soziale Rangordnung.
Mit 8 scheint die Pubertät einzusetzen, aber es ist lediglich eine Vorübung.

Mit 9 findet die «Prägung» statt. Das Leben besieht seine Kinder von Anfang bis Ende wie eine Mutter. Es sieht, was die Kinder voneinander unterscheidet und zu welcher Gruppe sie gehören. Es sieht die Macher und die Dichter, die Sprecher und die Heiler, die Erbauer und die Abbrecher. Bei jedem Menschenkind von 9 Jahren sieht es, was seine wahre Familie ist.

All seinen Kindern sendet das Leben ein Zeichen. Am Tag oder im Traum kommt die Erkenntnis der Bestimmung. Das ist die «Prägung».

Die Prägung kommt wie ein Blitzstrahl, der alles kurz ins Licht setzt. Wenn der Schock vorbei ist, wird er meistens schnell vergessen oder für ungeschehen erklärt. Später jedoch, wenn Herz und Wissen wieder zusammenkommen, erinnert man sich an die Hand des Lebens und an das Zeichen, das sie hinterließ.

10 Das Kind kennt sich selbst. Das bin ich. Das bin ich nicht. Das würde ich nie tun. Das darfst du wissen. Das darfst du nicht wissen. Es gibt geheime Gebiete. So bestätigt es seine Individualität gegenüber der Außenwelt. Das Geheimnis verselbständigt sich. Es wird eine dunkle Höhle, in die das Kind nach einiger Zeit nicht mehr gern hineingeht. Es macht einen großen Bogen um die Finsternis.

Manchmal, mit einem Freund oder einer Freundin, spielt es noch am Rand der Höhle, im Halbdunkel. Das ist spannend und unheimlich. Dort werden Abenteuer erlebt und Geschichten erzählt.

Wer weiß, vielleicht geht das Kind, wenn es später groß ist, in die Höhle zurück.

Kraft. Zustrom der Vitalität. Mädchen sind Mädchen und Jungen sind Jungen. Sie haben wenig miteinander zu schaffen. Jeder geht seinen eigenen Weg.

11

Frühere Verbindungen werden abgeschnitten. Die Spezialisierung nimmt zu. Die Eigenheit nimmt weiter Gestalt an.

11 ist das Jahr der Treue und des Verrats, der Lüge und der Wahrhaftigkeit, des Zusammenseins und des Alleinseins.

So findet die Vorbereitung auf die Existenz als Sozialwesen statt und auf die Gesetze, die das soziale Leben kennzeichnen.

Die 11 ist stärker, als erlaubt ist. Ihr Umfeld sieht sie noch als klein; ihre Kraft will weiter reichen, als ihre materielle Form zuläßt. Das ist oft schwierig für sie.

Auch wenn die 11 nicht weiß, wohin mit ihrer Kraft, sucht die Kraft sich einen Ausweg durch Geplapper, dumme Streiche, Lästern, Ärgern, Toben und Zanken. Die 11 lernt, indem sie außer Rand und Band gerät und sich wieder fängt, sich mit ihrer Vitalität anzufreunden.

12   Die ungebundene Kraft der 11 findet in der 12 ihre Beschränkung. Jetzt hat sich das Kind vollständig ins Erdendasein gesenkt. Die 12 ist ein Kind des Raumes und der Zeit geworden. Es kann sich in alle Richtungen bewegen. Es schaut zurück und es schaut nach vorn. Kurzum, es ist groß geworden.

Groß, wie es nun ist, stößt es an die Grenzen seiner Existenz. Noch immer hat es einen Gefühlskontakt zu der Einheit, aus der es hervorgegangen ist, aber Raum und Zeit und die Entdeckungen, die es darin macht, nehmen seine Aufmerksamkeit fast ganz in Anspruch.

Es versucht, die Kugel des ursprünglichen Wissens im Würfel des täglichen Bewußtseins unterzubringen. Das verursacht manchmal unverstandene Reibung.

Das Kind erfährt, daß man das, was man im Augenblick besitzt, im nächsten Moment verlieren kann. Je mehr es ein Kind der Zeit wird, um so stärker erfährt es, was es heißt, zu verlieren. Wenn es verlieren lernt, wird es wirklich älter.

Wenn es nicht ertragen kann zu verlieren, bekommt es Schwierigkeiten. Dann hält es eine Art Pseudo-Einheit instand, in der sich alles um das Kind selbst dreht. Seine Kraft reicht nicht aus, diese Einheit zu erhalten. Die 12 muß lernen, daß sie nicht alles in der Hand hat, wie groß und wie stark sie auch sein mag. Sie muß lernen, Dinge zu akzeptieren und Verluste einzustecken. Das ist in ihrem Alter zwar ein großer Schritt, aber es ist auch eine notwendige Voraussetzung für die Entwicklung zur Selbständigkeit und der Beginn der Erfahrungsweisheit.

Beginn des Neuen. Für den, der am Hergebrach-
ten festhält, ist die 13 eine Unglückszahl. Wer dagegen
das Leben liebt, weiß, daß es Fortschritt nur durch Tod
und Erneuerung gibt, anders gesagt: durch die Wieder-
geburt. Die 13 ist die Zahl vom Ende des Alten und vom
Phönix, der aus seiner Asche aufsteigt.

13

Hier, mit 13 Jahren, wird die Bilanz des bisherigen
Lebens gezogen.
Die Eltern und Freunde und Freundinnen werden aufs
neue beurteilt. Das gibt oft Reibereien und Streit, weil
die 13 so undifferenziert und unbarmherzig sein kann.
Der Ärger ist lästig und störend, aber die Erziehung
kann wenig oder gar nichts daran ändern. Man kann die
13 nicht mehr erziehen. Man versteht sich mit ihr, oder
man versteht sich nicht mit ihr. Wenn man mit ihr
umgeht, steht man ihr gegenüber oder neben ihr, nicht
über ihr. Der 13jährige ist ein kleiner Erwachsener, mit
einem eigenen Gewissen.

So ist die 13 frisch, naseweis, voller Initiativen.

Die dritte Phase
14 bis 21 Jahre
Das Rad dreht sich

Gegensätze treten in den Vordergrund. Innerer Kampf. Kampf mit der Umgebung. Das Lebensrad dreht sich, und was unten war, kommt nach oben. Eine alles umfassende Neuorientierung. Der Kopf kämpft mit dem Herzen. Der Denker wird ein Fühlender, der Fühlende wird ein Denker.

Es entstehen eigene Normen und Werte. Von der Familie wird Abschied genommen. Das Lebensschicksal nimmt im Kontakt mit anderen Menschen sichtbare Form an. Die Sexualität wird lebendig.

Der Jugendliche sieht die Menschen als Jungen und Mädchen, Männer und Frauen. Er spielt und entdeckt, oder er weicht zurück und verschließt sich. In dieser Periode wird das Verhalten zum eigenen und zum anderen Geschlecht oft für den Rest des Lebens festgelegt. Wenn sich das Rad am Ende dieser Phase einmal ganz herumgedreht hat, kommt es zu einer gewissen Entspannung. Der junge Mensch überblickt die Welt und sagt: «So funktioniert das also!»

14

Was gehört sich, was nicht? Zu wem gehöre ich, zu wem nicht?

Es kommt zu einer scharfen Trennung zwischen der 14 und der Familie, aus der sie stammt. Vor allem die beiden großen Vorbilder von früher: Mutter und Vater, betrachtet sie kritisch.

Immer mehr vertikale Beziehungen werden durchbrochen. Horizontale Beziehungen entstehen. Die Freunde und Freundinnen werden die Vorbilder; mit denen vergleicht man sich.

Aber einen wirklichen Ruhepunkt findet die 14 auch nicht in der Gruppe der Altersgenossen, denn eigentlich ist 14 kein bestimmtes Alter.

Manchmal ist man viel älter, dann wieder viel jünger; mal ist man anhänglich-kindlich, mal altklug-zurückhaltend.

So vieles ist noch nicht ans Licht gebracht worden, es gibt so viele Möglichkeiten, über die man phantasiert, daß man sich nicht auf eine einzige Rolle festlegen kann. Aber so überaus kritisch man ist, schämt man sich sofort, wenn man aus einer gerade gewählten Rolle fällt.

Der Kopf kämpft mit dem Herzen. Auf der einen Seite die unerbittliche Kritik und Selbstkritik, auf der anderen die aufflammenden Emotionen.

Die freiwerdende Sexualität gießt Öl auf die Flammen. Nichts steht mehr fest. Selbst das Gesicht, das dich im Spiegel ansieht, verändert sich von Tag zu Tag. Und niemand, niemand weiß, wie strahlend schön oder abgrundhäßlich du dich selbst findest.

15 ist das Alter, in dem man, wie im Märchen von **15**
Dornröschen, selbst den Lebensfaden spinnen will.
Man will sein Schicksal selbst meistern. Weil man noch
so unerfahren ist, verletzt man sich immer wieder
dabei.

Die Eltern wollen dem Kind diesen Schmerz ersparen,
aber es ist ihnen unmöglich, das Kind dauernd zu be-
hüten. Zum Glück!

Es muß seinen eigenen Weg gehen und dazu gehört
auch, daß es seine eigenen Probleme bekommt und auf
seine eigene Art und Weise «in einen tiefen Schlaf
fällt». Die 15 gewinnt an Eigensinn – sie bekommt eine
ausgesprochene eigene Meinung – aber sie verliert auch
etwas: das Bewußtsein, in ein größeres Ganzes eingebettet zu sein. Dieses Bewußtsein schläft ein.

Die Eltern können das Kind aus diesem Schlaf nicht
wecken. Das ist einem Menschen außerhalb der Familie vorbehalten: dem Prinzen oder der Prinzessin aus
dem Märchen, dem Partner, der womöglich irgend-
wann kommt.

Die Umgebung der 15 behauptet, alles habe seine zwei
Seiten. Sie sagen, du müssest dich für das eine oder
das andere entscheiden. Entweder ja oder nein, feiern
oder arbeiten, entweder du «gehst» mit jemandem,
oder es ist aus zwischen euch. Beides zugleich geht
nicht, entweder-oder, kriegt die 15 zu hören. Wenn man
eine Münze wirft, bekommt man Kopf oder Bild.

Die 15 dagegen sagt, das sei noch sehr die Frage, die
Münze könne doch endlos weiterrollen, ohne je auf
Kopf oder Bild zu fallen. Der 15jährige glaubt nicht an

das Entweder-Oder der Umgebung. Er sucht einen
dritten Weg.
Freiheit ist das Schlüsselwort. Niemand kann die Entscheidung für ihn treffen, und er will sich seine unendliche Welt nicht zu einem Scheideweg verengen lassen.
Er kämpft um seine Freiheit.
Sein Motto ist:

> Ich bin einmalig.
> Darum bin ich so
> wie ich bin.
> Und eben anders.

Sweet Sixteen?
Bitter süß sauer salzig 16!

16

Jeder Geschmack wird probiert, keiner ausgelassen. Jeden Winkel ihres inneren Raumes nimmt die 16 in Augenschein. Wenn auch vielleicht niemand sonst etwas davon merkt.

Das Merkmal, mit dem der nun 16jährige Mensch in seinem neunten Lebensjahr vom Leben geprägt wurde, macht sich kenntlich. In seinem Umfeld sucht er seine «Verwandten». Sie zu erkennen, ist mit Verliebtheiten, mit leidenschaftlichen Freundschaften verbunden.

Ständig auf dem schmalen Grat zwischen Leiden und Genießen vorwärtsgehend, sucht die 16 ihre Freiheit und findet ihre Beschränkung. Die 16 ist auch das, was sie nicht sein will.

Muster wiederholen sich. Immer wieder eckt die 16 an derselben Stelle an. Das Lebensschicksal nimmt im Kontakt zu anderen Menschen eine sichtbare Form an.

17 Kommt es jetzt zur Entspannung?
Auf jeden Fall zu einer größeren Empfänglichkeit für
das, was das Gefühl übersteigt. Am Himmel steht ein
Stern und funkelt.

Bei aller Aufregung gibt es einen Ruhepunkt. Eine tief
innen gewußte Sicherheit. Weisheit und Liebe bewegen
sich aufeinander zu. In mythischer Sprache heißt das:
die Große Mutter nimmt die 17 auf, tröstend und
beschützend. Sie hüllt ihr Kind in ihren Mantel ein und
zeigt ihm, daß es mit all seinen Erfahrungen nicht allein
ist, sondern einem Kosmos angehört, der von der
Liebe lebt.

Noch immer fühlt die 17, daß sie nicht in die festen Formen der «alten Existenz» paßt. Sie bleibt kritisch, aber
ihre Kritik ist weniger eine Abwehr als die Entwicklung
einer eigenen Sicht.

Das Leben im Zwiespalt geht weiter. Besonders der Gegensatz zwischen Frau und Mann steht im Brennpunkt.

Das Leben hat zwei Gesichter und – nicht zu vergessen – zwei Körper. Was suche ich? Sucht mich jemand? Sehnt sich jemand nach mir? Was für eine Frau oder was für ein Mann bin ich? Wie die 3 sich als Menschenkind zögernd auf eine eigene Art in der Welt zu bewegen beginnt, so geht die 18 zögernd auf eine eigene Art auf den anderen zu. Fehlt es am Zögern, fehlt es meistens auch an einer eigenen Art.

Wenn die 18 es nicht wagt, eine eigene Art zu finden, führt das unwiderruflich zu Verwicklungen und negativen Mustern, besonders in bezug auf die Sexualität.

So entstehen Komplikationen mit dem eigenen und dem anderen Geschlecht. Diese wiederholen sich während des weiteren Lebens, bis man schließlich gleichsam wieder 18 wird und dann nachträglich Auge in Auge mit dem anderen zögernd das Eigene entwickelt. Besonders zwischen 35 und 42 wird man mit dem konfrontiert, was man in den Jahren um 18 versäumt hat.

19

19 ist eine Periode der Aktivität. Wer 19 ist, sieht seine Bestimmung in einem neuen Licht.

Die hohen Wogen der Emotionen ebben ab. Neues Land kommt in Sicht.

Mit 17 wurde die Verbindung zur Großen Mutter wiederhergestellt, mit 19 wird das Vaterprinzip erneut aufgenommen. Das ist viel weniger romantisch und poetisch – konkreter auf Taten ausgerichtet. Die Große Mutter umfängt heilend; der Große Vater verpaßt kräftige Impulse und weist den Anfang des individuellen Lebenswegs.

Die 19 ist kein Kind mehr. Ihre natürliche Mutter und ihr natürlicher Vater vertrauen sie dem Leben an. Wenn die 19 dennoch Kind bleiben will und sich an ihre Eltern anklammert, wächst sie nicht weiter. Sie wird dann eine Nachahmung von Vater oder Mutter und wiederholt deren Muster.

Was der 19jährige Mensch zwischen 14 und 21 um seiner Eltern willen versäumt, wird ihn zwischen 21 und 28 daran hindern, der größeren Familie beizutreten, die die Gesellschaft ist, und es wird ihm zwischen 42 und 49 im «Labyrinth des Daseins» verformt wiederbegegnen.

Wenn er sich nicht von seinen Familienbanden, sondern von seinen lebendigen Impulsen leiten läßt, ist er erwachsen, ein strahlender Mittelpunkt.

Nun erkennt die 20 sich in den Formen. Die
Welt wird zum eigenen Haus. Die 20 jongliert mit
Möglichkeiten – und Gegensätzen. Wenn ihr verse-
hentlich etwas hingefallen ist, versteht sie die Kunst,
vorzutäuschen, sie habe es absichtlich getan. Sie genießt
das Spiel.

Im Freundes- und Bekanntenkreis hat sie ihren Platz.
Sie stellt Bezüge her und knüpft Beziehungen an. So
baut sie ihre Systeme auf. Sie nimmt wahr und bringt
verschiedene Menschen, Dinge, Gedanken miteinander in Verbindung, so daß etwas Neues entsteht. Im
wahrsten Sinne des Wortes arbeitet sie mit Intelligenz.
Sie beseelt die festen Formen, das Musterartige, mit
ihrer Individualität. Die Bewohner der festen Formen
mögen das manchmal gar nicht.

Der 20jährige Mensch hat in den vergangenen Jahren
viel erfahren. Er wurde umgedreht und auf den Kopf
gestellt. Jetzt steht er wieder auf seinen Füßen, überblickt seine Welt und sagt: «So funktioniert das also.»

Die vierte Phase
21 bis 28 Jahre
Allein und gemeinsam

Der junge Mensch nimmt Abschied von den alten Gruppen, zu denen er gehörte. Es kommt zu tieferen persönlichen Freundschaften, Liebesbeziehungen und weiterreichenden sozialen Kontakten. Auch das Verhältnis zu der ersten Gruppe, zu der er gehörte – der Familie –, ist wieder in Frage gestellt.

Er entwickelt sich weiter und lernt weiter. Er ist jemand geworden, jemand mit einer eigenen Meinung und Lebensrichtung. Er experimentiert mit seinen Talenten, tut dies, tut das, aber seine wirkliche Form hat er noch nicht gefunden. Es ist noch immer die Zeit des Lernens.

Am Ende dieser Periode ist die Aufbauphase der Persönlichkeit vorbei. Der Mensch ist dann das, was man erwachsen nennt.

21   Zwischen 14 und 21 Jahren hat sich die Gruppe gebildet, «zu der man gehört». Vielleicht sind es sogar verschiedene Gruppen, die eine Reihe von Aspekten der sich entwickelnden Persönlichkeit vertreten.

In der Phase, die jetzt beginnt, nimmt man Abschied von der Gruppe (den Gruppen), es kommt zu tieferen persönlichen Freundschaften und weiterreichenden sozialen Beziehungen.

Auch das Verhältnis zu der ersten Gruppe, «zu der man gehört» – der Familie –, ist wieder in Frage gestellt. Der 21jährige Mensch wird von der Gesellschaft als ein Erwachsener gesehen, der Rechte und Pflichten hat. Es gibt nun niemanden mehr, der sich beschützend zwischen ihn und die Gesellschaft stellt.

Als Individuum steht er allein den Mustern, Gesetzen und Regeln der Gesellschaft gegenüber, den Errungenschaften der kollektiven Vergangenheit. Er leistet einen kreativen Beitrag, oder er paßt sich an. Dieser Prozeß setzt nun ein.

Im Grunde ist der 21jährige Mensch eine neue Idee, eine neue Substanz, die der alten hinzugefügt wird, und die als Katalysator einen alles umfassenden Wandlungsprozeß in Gang setzen kann. Was er ist, hat es nie zuvor gegeben.

Wer es mit 21 wagt, für sich zu stehen, seinen Halt zu verlieren und sich selbst wie im Spiel wiederzufinden, wird später, in der Übergangszeit um die 30, mit heiler Haut davonkommen.

Die 22 sagt: «Hier setze ich meine Kraft ein, dort nicht!» Wer diese Entscheidung mit 22 nicht trifft, verliert sich in Zersplitterung.

22

Alles ist vorhanden, aber die Frage ist: «Was mache ich damit?» Wer nichts damit macht, wer nicht auf eigene Art und Weise damit umgeht und seine eigene Lebensgeschichte damit schreibt, wird von der Vielfalt überwältigt. Dann fühlt man sich zerrissen und machtlos. Eine Niete.

Die 22 muß lernen, ihre Kräfte zu sammeln und sie einfach zum Ausdruck zu bringen. Wenn sie ihre Talente bündelt und ihrer Welt in einer bestimmten Form anbietet, fühlt sie sich nicht mehr wertlos.

22 ist ein Krisenjahr, wenn auch ganz anders als 14 und 42. Mit 14 und 42 geht es um eine Krise des Seins, mit 22 dagegen um eine Krise des Besitzens: Behält der Mensch das, was er bisher gesammelt hat, für sich, oder gibt er es auf seine eigene Art weiter?

Wenn der 22jährige Mensch in die Klemme gerät, ist das die Folge einer Kombination dessen, was man Geiz und Stolz nennen könnte: Er brütet zu lange über dem, was er kann und weiß, und er will es erst einsetzen, wenn es vollkommen ist.

Die schöpferische Kraft, die sich mit 22 in ihm rührt, verlangt von ihm, freigesetzt zu werden. Dazu muß er Opfer bringen. Das führt zu persönlichem Wachstum durch Zufluß von Kraft.

23 Alles Wissen ist wertlos, wenn es nicht an den Rhythmus angeschlossen ist, in dem alles schwingt. Ohne die Kadenz des Lebens wird das Wissen kahl und unfruchtbar.

Der Rhythmus weckt dich auf und bringt dich in Bewegung über die Grenzen dessen hinaus, was du schon wußtest. Das ist Leben. Wissen bewegt sich von oben nach unten. Rhythmus bewegt sich von unten nach oben. Wo Rhythmus und Wissen zusammenkommen, entsteht das lebende Wort.

Wer die Wahrheit sprechen will, muß sich bewegen lassen mit allem, was er weiß.

So wird die 23 geöffnet. Im vollen Leben stehend, plappert sie nichts mehr nach. Sie fängt an, ihre eigene Sprache zu sprechen.

Die 23 folgt dem Rhythmus und läßt das fallen, was dem Rhythmus widerspricht. So wird sie sich ihrer Bindungen und Gewohnheiten bewußt. Ist Freiheit möglich? Tadam, tadam, tadam!

Die Liebe findet ihre Beschränkung, und so wird **24**
sie persönlich. Es ist ziemlich leicht, die Menschen im
allgemeinen zu lieben, aber einen einzigen Menschen
im besonderen zu lieben, verlangt viel von uns. Die 24
erfährt, was es heißt, die Liebe im täglichen Leben konkret zu machen, und was sie dafür opfern muß.
Alles, was in den vier ersten Lebensjahren an Ich-
Struktur aufgebaut wurde, meldet sich jetzt zu Wort.
Alte Ängste schlagen zu, Zweifel, die man schon längst
überwunden zu haben glaubte, erheben sich wieder.
Nicht, weil der Zweifel an sich berechtigt ist oder weil
die Angst auf eine Realität hinweist, sondern weil die
Erfahrung der Liebe diese alten Quälgeister aktiviert.
Wo viel Licht ist, entdeckt man, was in finsteren Zeiten
übersehen werden konnte.

Der 24jährige wird ein weiser Mensch. Er lernt Frustration und Beschränkung als Möglichkeiten der
Selbstkenntnis kennen.

25 Immer wieder zeigt sich, daß deine Welt die Welt eines anderen geworden ist. Das geschieht dadurch, daß du den anderen zu weit in dein Gebiet hineinläßt und daß du dich abhängig machst. Es ist so verführerisch zu denken, daß der andere weiß, wie du eigentlich bist, was deine Bestimmung ist und was du tun mußt. Die 25 sieht glasklar, daß sie nur dann Leben in ihre Welt bringen kann, wenn sie bewußt einsehen will, wo sie abhängig ist, und wenn sie sich aus ihrer Abhängigkeit löst. Sie sieht, daß niemand sich freimachen kann und daß sie sich nur auf ihre eigene Intuition und auf das verlassen kann, was sie selbst weiß.

Wer mit 25 Jahren seiner Inspiration folgt, entdeckt eine Spur. Es sieht so aus, als sei die Spur schon immer dagewesen, aber das täuscht. Sie entsteht, wenn er einen Schritt weiter geht, als sein Bedürfnis an Sicherheit und Übersichtlichkeit es für wünschenswert hält. Wenn er weiter sieht, als seine Nase reicht, aus Neugier und mit Vertrauen, kann er mit seinem guten Genius in Kontakt kommen.

Den Schutzengel, der in den ersten Lebensjahren so selbstverständlich da war, kann er jetzt wie eine Lichtkraft in den täglichen Ereignissen neu entdecken. Die Spur, die der 25jährige Mensch zusammen mit seinem guten Genius bildet, führt ihn schließlich über die Grenzen der Persönlichkeit hinaus zum geistigen Erwachsensein.

Stetiges Wachsen und Nutzen der neugefunde-
nen Werte. Darin ruhen.

26

In einer Atmosphäre der Gemeinsamkeit wird das in
den vorhergehenden Jahren Erworbene an der täglichen Praxis geprüft. So verstärkt und vertieft es sich.
Mit 26 entwickelt der Mensch die Eigenschaft der Hin-
gabe. Er lernt, im kleinen treu zu sein und nicht den
großen Resultaten nachzujagen. Die Wirkung, die er
hat, kann er selbst nicht ermessen.

Die Wirkung hat oft nichts mit seinen ursprünglichen
Absichten zu tun. Diese Einsicht tut seiner Begeisterung jedoch keinen Abbruch. Sie macht ihn auch nicht
bescheidener. Aber vielleicht läßt sie ihn zu einem emp-
fänglicheren Partner, Freund oder Kollegen werden.

27 Die 27 ist mit jemandem zu vergleichen, der eine lange Reise um die Welt gemacht hat. Er nähert sich dem Abfahrtsort.

Auf seiner Reise hat er vieles erfahren. Er hat alles gesehen, was es zu sehen gab. Nicht alles hat er gleichermaßen gründlich studiert – oft mußte er schon weiter, bevor er sich sattgesehen hatte –, aber in großen Zügen kennt er seine ganze Welt.

Über das alles kann er nun mitreden. Er weiß, daß es Gebiete gibt, in die er gern tiefer eindringen möchte. Er weiß auch, daß es Gebiete gibt, die er auf seiner ersten Reise aus irgendwelchen Gründen gemieden oder im Schlaf durchquert hat.

Alle diese Gebiete kann er, wenn er will, in eine Karte einzeichnen. Er kann sich vornehmen, einigen dieser Regionen auf seiner neuen Reise (die anfängt, sobald er an den Abfahrtsort zurückgekehrt ist) besondere Aufmerksamkeit zu schenken.

Mit 27 steht der Mensch gewissermaßen kurz vor der 0. Kurz vor der Geburt.

Seit seiner ersten Geburt ist er jemand geworden, etwas geworden. Als ein Jemand und ein Etwas – mit einem Namen und einer Familiengeschichte, einer Ausbildung, einem bestimmten Charakter, Freunden und Geliebten, einem Arbeitskreis – tritt er in einen neuen Zyklus ein.

Die 27 rundet ab. Sie sieht, was sie bis dahin mit ihren Talenten getan hat.

Das Auf und Ab ihres bisherigen Lebens kann sie als *ihre* Muster erkennen. Alles hat sich entfaltet.

Die fünfte Phase
28 bis 35 Jahre
In die Welt hinein

Ins volle Leben hinein. Die Lehrjahre sind vorbei. Die einmalige Lebensaufgabe kommt zum Bewußtsein.

Der Mensch bekommt, bestimmt am Anfang dieser fünften Phase, Impulse zu verarbeiten, die zu drastischen Veränderungen führen können. Anders als in der Pubertät wird jetzt alles nach außen umgesetzt. Er drückt sich aus, sucht sich eine eigene Form und muß sich dazu aus den alten Formen befreien und sie hinter sich lassen. Allmählich kommt alles zur Ruhe, und die Richtung wird deutlich. Auch in bezug auf die Gesellschaft.

28   Zweite Geburt. Als archetypische Gegebenheit – als Möglichkeit also.

Mit 28 beginnt eine neue Periode. Sie kennzeichnet sich durch eine Neuorientierung, die möglicherweise zu einer Verwandlung des in der ersten Periode von achtundzwanzig Jahren geformten Charakters führt. Die Persönlichkeit kann in dieser neuen Periode ein Individuum werden, das eine einmalige Bestimmung erfüllt. So kann sie ihren Beitrag zum Ganzen leisten. Dies alles findet sich als Keim in der 28. Es ist ein freudiges Versprechen.
Meistens erfährt die Persönlichkeit mit 28 aber etwas ganz anderes, denn für die Persönlichkeit ist dies eine Periode der Krise. Auch diese Geburt ist mit Geburtswehen verbunden.

Es ist merkwürdig, daß die Krise um 28 so viel weniger bekannt ist als die Krise um 14 (die Pubertät) und die um 42 (die «Midlife-crisis»). Auch um die 28 bekommt die Persönlichkeit sehr starke Impulse zu verarbeiten, die oft zu drastischen Veränderungen führen. Vielleicht findet diese Periode weniger Beachtung, weil die Revolution sich nicht gegen Autoritätsfiguren richtet (die Eltern in der Pubertät) und weil die Verschiebungen infolge dieser Krise die bestehende Ordnung nicht gefährden (was in der Pubertät und der «Midlife-crisis» wohl der Fall ist). Die Position in der Welt, das berufliche Funktionieren werden meistens nicht in Frage gestellt.

Mit 28 kommt – oft von Schuld- und Ohnmachtsgefüh-
len überdeckt – die einzigartige Lebensaufgabe zum
Bewußtsein. Die 28 sieht, was sie bis dahin unterlassen
hat, was sie nicht liegenlassen darf und was sie loslassen
muß, um ihre Bestimmung erfüllen zu können.

29 Innerhalb der Krisenperiode ist dies ein Jahr der Entscheidung. Hier bestimmt man, woran man arbeitet und mit wem, und welche Richtung man seinem Dasein im allgemeinen geben will.

Gefühle der Beklemmung und Gedanken der Selbstverurteilung können stark sein, aber das sich entwickelnde Neue ist kräftig und macht sich wenig aus all den Emotionen, Sorgen und Überlegungen. Mitten in aller Subjektivität erwacht eine objektive Kraft.

Manchmal besteht Kontakt zu einem riesigen Potential, an das man angeschlossen ist, von dem man aber meistens nur bröckchenweise Gebrauch macht. Es gibt Perioden großer Schaffenskraft und schöpferischer Einsichten. In solchen Perioden sieht man, wenn man einigermaßen visionär eingestellt ist, sein Leben aus der Vogelperspektive – Licht und Dunkel, Leid und Glück, man sieht alles als ein Ganzes, das unverbrüchlich zusammengehört.

Auf jeden Fall bekommt man es mit Kräften zu tun, die man in den vorhergehenden Jahren ausschließen zu können glaubte. Diese Kräfte – die eigentlich bis dahin nicht integrierte Talente sind – brechen ins tägliche Leben ein und sorgen für Überraschungen.

Man muß das Bild, das man von sich selbst hat, neu sehen. Wenn das geschieht, erweisen sich die Kräfte, die zunächst «Einbrecher» zu sein schienen, als Helfer.

Die Krise des Selbstausdrucks setzt sich fort. In diesem Jahr geht es um die Spannung zwischen der Persönlichkeit und der Essenz, dem Ich und dem Selbst. Bei den meisten Menschen besteht ein großer Unterschied zwischen der Art, wie sie eigentlich sind, und der Art, wie sie sich verhalten. Wenn das «Benehmen» (die Maske) der inneren Stimme (der Essenz) den Weg versperrt, wird die Maske in dieser Periode unter großen Druck gesetzt. Die Essenz gibt sich mit feigen Übersetzungen und Kompromissen nicht zufrieden und sucht einen Ausdruck, auch wenn die Persönlichkeit das nicht wünscht. Man verspricht sich, vertut sich, es kommt zu Ausbrüchen, beschämenden Szenen und komischen Situationen.

Die Persönlichkeit kann in dieser Periode lernen, daß sie nicht von der Umgebung und in weiterem Sinne von der Gesellschaft abgeleitet ist, sondern ein Instrument zu Diensten der Essenz, des Selbst. Die Persönlichkeit muß der Inspiration Gestalt verleihen; sie muß vermitteln, auch wenn sie die Konsequenzen dessen, was sie weitergibt, nicht ganz übersehen kann. Wenn die Persönlichkeit die Dinge zu scharf trennt und zensuriert, ist es mit der Kreativität vorbei und übrig bleibt nur Mittelmäßigkeit.

Offenbarung oder Verdrängung: Das ist die 30. Wer sich für die Verdrängung entscheidet, sich an die Umgebung anpaßt und damit die Maske zu sehr entwickelt, bekommt in zehn bis fünfzehn Jahren in der «Midlifecrisis» eine neue Chance.

31 Das Jahr der Lösung. Die angestaute Spannung wird entweder frei und in eine eigene Form umgesetzt oder aber so tief wie möglich begraben. Auf jeden Fall werden grundsätzliche Entscheidungen getroffen. Die Krise ist noch nicht ganz zu Ende, die schärfsten Kanten sind jetzt aber abgefeilt.

Wieder kann man in diesem Jahr erfahren, daß das Leben nimmt und gibt und daß man in guter Hut ist. Der Dankbarkeit kann Raum gegeben werden.

Während der vergangenen Jahre hat sich das Herz, das unbemerkt beschwert worden war, aus der Beklemmung befreit. Herz und Kopf sind sich nähergekommen. Regelmäßig verliert man zwar den großen Überblick, aber man ehrt das Kleine und klettert aus dem Brunnen der Mutlosigkeit nach oben.

32

Es gibt viele Möglichkeiten, aber niemand weiß, was das Beste für dich ist. Dieses Thema wiederholt sich ständig. Man kann sich in unendlichen Zweifeln verlieren oder ein Spielball der Wünsche seiner Umgebung werden, aber letztlich führt das alles nur zu einer noch größeren Zersplitterung.

Die 32 steht still und zieht ihr Herz zu Rate. Sie sucht die Essenz in der Vielheit. Das ist ein Risiko. Die Essenz führt immer zum Unvorhersagbaren. Das Herz aber ist ruhig, wenn man der Essenz folgt, wie sehr der sogenannte gesunde Verstand auch in Panik gerät.

Inmitten der vielen Möglichkeiten entscheidet sich die 32 für ihr Wissen anstatt für ihr ängstliches Denken – für ihre Wünsche anstatt für ihre Begierden. So verleiht sie der Lebensspannung Form.

33 Nach und nach nimmt die Machtlosigkeit ein Ende. Indem der Mensch sich von seinem Herzen leiten läßt und Entscheidungen trifft, öffnet er sich einer Kraft, die größer ist als die, die er bisher kannte. Das gibt ihm Vitalität und Selbstvertrauen.

Nun erfährt er, daß Selbstvertrauen das Resultat der Anstrengung der Persönlichkeit ist, sich auf ihre Essenz abzustimmen. Selbstvertrauen ist kein Charakterzug, sondern die Folge der Bereitschaft, den gesamten Charakter für größere Belange einzusetzen.

Mit 33 ist man in den Augen aller anderen schon geraume Zeit so erwachsen, daß man mit Sie, mit Frau oder Herr angesprochen wird, aber eigentlich ist die Kinderzeit erst jetzt vorbei. Mit 33 ist der Mensch nicht mehr das Kind seiner Eltern. Er ist nicht das Produkt seiner Umgebung. Er fühlt und er denkt, wird aber nicht mehr ausschließlich von seinen Gedanken und Gefühlen bestimmt. Was er ist, ist er aus sich selbst. Stark und einflußreich.

Vieles hat man durchgemacht. Das Auffallende **34** daran ist, daß alles auf äußerst persönliche Art verarbeitet wird, aber schließlich zu einem unpersönlichen Produkt führt: der Arbeit, die man in der Welt tut. Alles wird in das übersetzt, was man tut, und die Wirkung, die man dadurch hat.

So ist die 34 zielbewußt in ihrer Empfänglichkeit.

Wie so oft am Ende eines siebenjährigen Zyklus seufzt man auch diesmal erleichtert auf, daß der Sturm vorüber ist und daß man ihn gut durchgestanden hat. Daneben nagt schon leise das Bewußtsein, daß etwas Neues bevorsteht. In diesem Fall bringt das Neue keine Krise. Es wurde eine Grundlage gebildet. Die kann weiter ausgebaut werden. Von dieser Grundlage her kann man sich neu spezialisieren. So kann das geistige Prinzip sich im täglichen Dasein vollständiger offenbaren.

Die sechste Phase
35 bis 42 Jahre
Aufbau des Kristalls

Diese Phase bietet die Möglichkeit, Herz und Kopf *und* Hände – Gefühle, Gedanken und Taten – miteinander zu verbinden, so daß Fühlen und Denken sich einig sind. Man stimmt sein Handeln darauf ab, was man wirklich meint, oder man wird in moralischem Sinne korrupt.

Die volle Form wird erreicht. Alles, was man gelernt und erfahren hat, kristallisiert sich zu einem bestimmten Produkt heraus. Dieses Produkt wird der Gesellschaft angeboten, und dabei ist man sich seiner selbst völlig sicher. So dient man der Kontinuität.

An dem Punkt, wo die von der Gesellschaft geschätzte Kontinuität und die für den Menschen lebenswichtige Diskontinuität sich kreuzen, entsteht die «Midlifecrisis».

35 Faust ist 35 Jahre alt, als er sich dem bösen Genius Mephistopheles verschreibt. Er entscheidet sich damit für den Weg der herzlosen Vernunft – für das der Liebe entbehrende Denken. Durch diese Entscheidung verliert er sein geliebtes Gretchen.

Mit 35 kann man sich für den bösen Genius oder für den guten Genius entscheiden. Herz und Kopf können sich in dieser Zeit weiter voneinander entfremden, sie können einander aber auch näherkommen.

Der böse Genius verspricht unendliche Möglichkeiten; der gute Genius fordert Beschränkung. Es ist nicht verwunderlich, daß die Persönlichkeit den bösen Genius leicht für den guten hält und umgekehrt. Die Persönlichkeit kann jetzt das lernen und verwirklichen, was sich zu Beginn der Pubertät mit 12 Jahren schon angekündigt hat: Wer verlieren kann, wird finden.

Der siebenjährige Zyklus, der mit 35 anfängt, bietet die Möglichkeit, Herz und Kopf *und* Hände – Gefühle, Gedanken und Taten – miteinander zu verbinden, so daß Fühlen und Denken sich einig sind und man in Übereinstimmung mit dem handelt, was man wirklich findet. Diese Integration kann nur stattfinden, wenn die Persönlichkeit – der Besitzer von Kopf, Herz und Händen – wissen will, was der gute Genius zu sagen hat.

Der gute und der böse Genius sind nicht nur innere Stimmen. Jeder Mensch kennt in seiner Umgebung wohl einen oder mehrere böse Genii. Man ist vor die Wahl gestellt, sowohl in der Innen- als auch in der Außenwelt.

Mit 35 will der Mensch mehr wissen, als er mit seiner Persönlichkeit erfassen kann. Daher ist es von großer Bedeutung, daß er seine Ratgeber und Helfer richtig wählt. Die einzige Richtschnur, die er dabei hat, ist die Richtschnur der Liebe: Bringt das, was sich ihm darbietet, Bindung oder Trennung, bringt es größere Einheit oder Zersplitterung?

36 Die 36 ist die Kreuzung vieler Wege. Empfänglichkeit und Aktivität kommen zusammen oder entarten, ohne Verbindung zueinander, in Hyperaktivität oder ohnmächtige Passivität. Kreativität ist eine Möglichkeit, die Alternative ist eine sich hoch aufstauende Spannung. In diesem Jahr erfährt man die Konsequenzen der persönlichen Eigenarten, und es wird deutlich, daß die Existenz auf Gesetzen fußt, die man nicht übertreten kann. Dem, was man sich im persönlichen Bereich erlauben kann, sind Grenzen gesetzt. Es gibt Lebensgesetze, die wichtiger sind als das persönliche Vergnügen.

Das bedeutet, daß die 36 den Wert der Disziplin einsehen lernt.

Disziplin ist keine moralistische Lebenshaltung (obwohl die 36 auch darin zu weit gehen kann), sondern ein realistisches Bewußtsein, daß man nichts umsonst bekommt. Wer Raumfahrer werden will, darf nicht rauchen. Wer in Liebe leben und seine Arbeit mit Leib und Seele tun will, muß seine Persönlichkeit zügeln.

Die 36 versagt sich das Uneigentliche. So findet sie ihre Richtung.

Die 37 sagt: «Hierher gehöre ich», und setzt alles **37**
ein, was sie hat. Sie baut eine neue Welt. Sie fühlt sich
von Prinzipien getragen, die sie noch nicht ganz
ergründet, die ihr aber wohl Vertrauen geben.

Vertrauen ist das Schlüsselwort der 37. Im allgemeinen
Sinn ist es das Vertrauen zur Urquelle, die alle Wesen
speist. In engerem Sinn ist es das Vertrauen zur eigenen
Kraft und das Wissen, daß jeder Stolperstein eine Stufe
ist, die zu etwas Besserem führt. Die Vitalität erreicht
hier ihren Höhepunkt, und in diesem vitalen Vertrauen
leistet der 37jährige seinen Beitrag an die Welt.
Wenn er dieses Vertrauen jedoch verliert – das heißt,
wenn er seinen Willen nicht mehr dafür einsetzt, so zu
vertrauen –, wird er dumpf und depressiv. Dann ist die
Quelle trübe. Apathie wird zu Verzweiflung. Der Bau
stagniert.
Bis er die Verzweiflung als inneren Ansporn versteht,
die Trümmer räumt und die verschüttete Quelle frei-
legt. Ist der Anfang erst einmal gemacht, dann folgt der
Rest von selbst.

Hilfe ist nah, unter der Voraussetzung, daß man selbst
die Tür öffnet.

38 Was wirklich das Leichteste ist, ist auch das Richtige. Wie schwierig ist es aber, das Leichteste zu finden!

Die Bauarbeit geht weiter. Die soziale Form kristalliert sich mehr und mehr heraus. Persönliche Entwicklung und Pflichterfüllung können Hand in Hand gehen. Dies ist eine Periode des Fruchttragens. Man greift aktiv ein. Gegensätze werden zusammengebracht und vereint, oder man schneidet etwas weg.

Das erfordert Mut und Bescheidenheit. Mutig eingreifen und bescheiden opfern, was dem Fortgang nicht dient.

So reinigt die 38 ihre Existenz, damit sie empfänglich sein kann für das, was kommt.

39

Wie ein heiterer Traum, den man beim Zähne-putzen schon vergessen hat, der aber alles, was an die-sem Tag geschieht, mit einem hellen Schimmer über-zieht – so ist die 39.

Die 39 ist eine zarte, ungreifbare Wahrnehmung, eine Intuition, die noch im Widerspruch zur täglichen Wirklichkeit steht.

Die Arbeit in der Außenwelt nimmt eine immer deut-lichere Form an. Man macht Karriere und richtet sich im höchsten Grade auf das äußerlich Wahrnehmbare. Gerade in dieser Periode setzt ein neuer Grundton ein. Dieser Klang wird vom inneren Ohr wahrgenommen, das sich danach richtet. Das äußere Ohr richtet sich jedoch weiter nach dem Herkömmlichen. Das kann ein Anlaß für Konflikte sein. Es entsteht ein Gefühl der Zerrissenheit, das man nicht genau benennen kann.

Man sollte sich regelmäßig von dem Einfluß der Umge-bung freimachen und sich darauf besinnen, was man wirklich wünscht. Das ist eine Form der Meditation. Durch diese Art des Meditierens kann man wieder in Kontakt zu den hauchfeinen Schwingungen des neu-eingesetzten Tones kommen. Es ist wichtig, daß die-ses Wiedererkennen zum bewußten Abstimmen auf diesen Ton führt und daß eine dauerhafte Beziehung zwischen dem äußeren und dem inneren Ohr entsteht. In diesem Jahr, wo Wunsch und Wirklichkeit so stark aufeinanderprallen können, wird das Samenkörnchen gepflanzt, das sieben bis acht Jahre braucht, um zu wachsen und die erste Frucht zu tragen.

40 Mit 40 wird die volle Form erreicht. Alles, was man gelernt und erfahren hat, führt zu einem bestimmten Produkt. Mit 40 wird dieses Produkt der Gesellschaft mit größter Selbstsicherheit angeboten. So dient die 40 der Kontinuität.

Dies hat auch eine Schattenseite, denn alles, was sich gleichbleiben will, gerät in Probleme. Das ist ein Gesetz des Lebens.

An dem Punkt, wo die von der Gesellschaft geschätzte Kontinuität und die für den Menschen lebenswichtige Diskontinuität sich kreuzen, entsteht die «Midlife-crisis». Der individuelle Mensch sieht, daß die 40 auch das volle Maß des persönlichen Schicksals ist. Anders gesagt: Die 40 ist die Zahl, in welcher der Widerstand des «Ich» gegen das Leben maximal zum Ausdruck kommt.

Der neue Grundton, den man mit 39 als ein Versprechen vernommen hat, wird mit 40 oft als eine Bedrohung aufgefaßt. Man leugnet das, was man innerlich hört. Wenn das geschieht, wird das Dasein «wüst und leer». Nichts bringt dann noch Erfüllung. An der Oberfläche – mit den äußeren Sinnen – kann man noch allerlei Interessen und Vergnügen nachgehen, aber tief innen weiß man, daß aus dem lebendigen Leben ein totes Leben geworden ist. Man wird zynisch und blasiert. Die 40 prüft: Hältst du die Illusion aufrecht, oder siehst du deine Wirklichkeit, ohne auszuweichen?

So wird man «auf der Wanderung durch die Wüste» ein Hungriger, der ständig neuen Reizen nachjagt, oder ein Wahrnehmer, der zu sich selbst findet.

Das Jahr der Geistesblitze, das offenbart und
erschüttert.

41

Der Widerstand der 40 ist überwunden. Mit 41 geht
dem Menschen ein Licht auf. Kein Fünkchen, sondern
ein LICHT. Dann wird es wieder dunkel.
In diesem Licht ist sichtbar, wie man sich dem Leben
widersetzt: die Widerstände der Persönlichkeit. Diese
lassen sich auch in der Außenwelt als erstarrte Strukturen erkennen, die als Verteidigung gegen das Leben
gewachsen sind. Und zugleich ist da die Erfahrung
einer Kraft, die größer ist als jeder Widerstand. Reine
Lichtkraft.

Bewußt wird mir klar: Niemand hat mir je etwas ange-
tan, und niemand kann etwas für mich tun. Dies ist
meine Existenz. Ich entscheide mich für das Licht oder
für das Dunkel. Ich schaue mit Bitterkeit zurück, oder
ich erschaffe eine neue Wirklichkeit.

Die siebte Phase
42 bis 49 Jahre
Durch das Labyrinth

Der Herbst des Lebens setzt ein. Man ist über die Hälfte, und man ist sich dessen auch bewußt.

Alles hat man schon einmal getan, und all das Tun hat seine Spuren hinterlassen. Der Mensch ist von selbsterschaffenen Formen umringt, die ihr eigenes Leben führen. Insgesamt bilden diese Schöpfungen das Labyrinth, in dem er sich einen Weg sucht.

Nach und nach fängt er wieder an, die Dinge zu relativieren, aber die Frage, wie man mit dem Unerfüllten umgehen soll, bleibt eine der Kernfragen.

Dies ist eine Periode der Läuterung. Wenn er es wagt, im Dunkel seinen Weg zum Herzen des Labyrinths zu suchen und sich selbst auch so kennenzulernen, wie er nicht sein will, fällt die Beklemmung von ihm ab. Dann wird er sehen, daß die aufgebauten Formen, die Strukturen und Beziehungen, durchaus Ausdruck des Lebens sein können.

42 Die Hälfte des Lebens.

Alles hat man schon einmal getan, und all das Tun hat seine Spuren hinterlassen. Mit 42 ist der Mensch von selbsterschaffenen Formen umringt, die ein eigenes Leben führen. Er hat einen Partner gefunden oder nicht, er hat Freunde, Kinder, Arbeit; er hat ein spezifisches Verhältnis zu seiner Familie entwickelt, seine Umgebung sieht ihn auf eine bestimmte Art und Weise; er hat Besitztümer, Erfahrungen und Kenntnisse gesammelt; er wohnt in einem bestimmten Haus und er lebt in einem Körper, der anders aussieht als alle anderen Körper. Insgesamt bilden diese Schöpfungen das Labyrinth, in dem er sich einen Weg sucht. Es ist möglich, daß die Mauern des Labyrinths in dieser Zeit ständig näherrücken und daß das Dasein zur Beklemmung wird. Es ist auch möglich, daß er einen Ausweg sieht, ein Licht, auf das er sich ausrichtet. Wie auch immer, die Lektion in dieser Lebensphase ist, daß die wirkliche Befreiung erst kommt, wenn man sich nicht nur das, was getan ist, klar vor Augen führt, sondern auch und vor allem das, was unterlassen wurde.

Die Fragen sind: Was hast du bisher vermieden? Was hättest du auch sein können, und was bist du nicht geworden? Aus welchen Gründen? Vor welcher Wirklichkeit bist du geflohen?

Die Formen des Daseins erstarren zu einem Labyrinth, aber in der Tiefe der Existenz ballt sich das Vermiedene zu einer dunklen Gestalt zusammen – zum Schatten deiner selbst. Dieser Schatten haust im Herzen des Labyrinths.

Wenn die 42 das Vermiedene erkennen will und eine eigene Antwort darauf findet, erwacht sie aus der Vergangenheit, und das Labyrinth wird zu einem Weg des Lichts.

Dann ist 42 das Jahr des neuen Erwachsenseins. Das Alte wird abgeschlossen und gibt zugleich den Grundstoff für das Neue her.

43   Wer sich selbst bis in die äußersten Winkel kennenlernt, kommt zu der bestürzenden Entdeckung: ES GIBT ANGENEHMERE GESELLSCHAFT. Das ist ein tüchtiger Knacks für den Selbstrespekt dessen, der immer und überall der geistreichste, liebste und attraktivste Mensch sein möchte.

Man beginnt zu erkennen, daß man dabei ist, wirklich älter zu werden. Die Prozesse lassen sich nicht umkehren. Die Linien in meinem Gesicht vertiefen sich, und wenn ich nicht aufpasse, setzen auch meine Gewohnheiten sich unmerklich tiefer fest. Was in den flexiblen Jugendjahren nicht gelöst wurde, wird jetzt bestimmt nicht von selbst verschwinden.

Die 43 ist fest an einen unerwünschten Doppelgänger gebunden.

Diese Gebundenheit gilt intern und extern. Bei den Freunden und Geliebten lassen sich ebenso äußerst unerwünschte Züge feststellen. Auch ihre dunkle Hinterseite ist durch alles hindurch sichtbar.

«Das will ich nicht!» ruft man aufsässig, in der Hoffnung, das Schicksal zu beugen und den anderen zu verändern. Aber das Schicksal läßt sich durch den Willen nicht beugen.

Der andere ist wirklich ein anderer – den kannst du nicht verändern.

Der einzige, der sich beugen muß, bist du selbst.

Wenn du dich beugst und die Gegebenheiten des Lebens akzeptierst, löst sich in dir die Überzeugung von der Unabänderlichkeit der Lebensumstände als Schicksal.

Dann hörst du auf, der narzißtische Mittelpunkt deiner kleinen Schöpfung zu sein.

Wenn du dich dem Leben mit Leib und Seele hingibst, fallen die Bande weg, und es stellt sich heraus, daß du einen eigenen Platz in der großen Schöpfung hast.

44 Wenn die Gefühle des Gebundenseins schwächer werden und zugleich die Fixierung auf das Unfertige, Unvollkommene abnimmt, wird Kraft freigesetzt. Was bis dahin Beschränkung war, kann sich als Hilfsmittel erweisen.

Wenn man das Unerwünschte akzeptiert und nicht länger glaubt, sich eine bestimmte Lebenseinstellung erlauben zu können, weil die Umstände nicht so sind, wie man sie sich wünscht, zeigt sich, daß eine große Kraftquelle angebohrt wurde.

Die Selbstreflexion der Persönlichkeit bleibt wahrscheinlich weiter bestehen, und man mißt sich noch an den alten Kriterien. Immer wieder zerbricht jedoch plötzlich der Spiegel, und man wird überrascht von der großen Lebenskraft und dem selbstverständlichen tiefen Wissen, die dann zum Vorschein kommen.

Es ist auch möglich, daß die Selbstreflexion um jeden Preis aufrechterhalten wird. Dann erstarrt die Selbstreflexion zu einem selbstzufriedenen Lächeln. Man wird selbstgefällig und unerreichbar. Eigentlich ist das Leben vorbei.

Indem man sich von der freigewordenen Kraft **45** leiten läßt, wird man von den starken Persönlichkeiten in der Umgebung weniger abhängig. Man spiegelt sich weniger an Vorbildern, und man glaubt eigentlich auch nicht mehr, daß es nur eine einzige ideale Art und Weise gibt, sein Leben zu führen.

Jedes Dach hat sein Ungemach, in jedem Geist steckt ein Biest. Es gibt keine allgemeingültigen Lösungen für das Ungemach oder das Biest. Die maßgerechten Lösungen haben zwar eine Zeitlang eine Funktion – wie die Gebärmutter eine Funktion für den sich entwickelnden Embryo hat –, aber dann muß man sich von ihnen trennen.

Es gibt keine Antwort außerhalb deiner selbst. Du bist die Antwort, die einzige Antwort auf die Frage, die du bist.

Erstaunlicherweise führt dieses Bewußtsein nicht in die Isolation. Du fühlst dich zwar öfter allein und, bestimmt am Anfang, hilflos. Aber du wirst weniger einsam werden, weniger abgesondert sein. Gerade dadurch, daß du unvergleichlich wirst, nimmst du deinen Platz in der Welt immer mehr ein. Du hast etwas zu sagen, du kannst es sagen, und man hört dich.

46 Die Formen, die im Dasein aufgebaut wurden, die Strukturen und Beziehungen, sind nicht nur Widerstand gegen das Leben, sondern auch Ausdruck des Lebens. Die Formen sind gefrorene Musik.

Die Existenz als Labyrinth ist ein meisterhaftes Bauwerk, dem göttliche Proportionen, Maße und Zahlen zugrunde liegen.

Der Schatten, den man nicht mehr abweist, wird eine Quelle der Energie. Über diese «energetische Rückseite des menschlichen Bewußtseins» ist man an den großen Lebensrhythmus angeschlossen, der das Dasein mit seinen Schwingungen durchzieht.

Das bedeutet auch, daß man in dieser Zeit von den Menschen Abschied nimmt, die sich nicht auf den Lebensrhythmus abstimmen. Es geht jetzt nicht mehr in erster Linie darum, ob man jemanden sympathisch oder unsympathisch findet, sondern ob man in demselben Grundton mitschwingt. So werden Kontakte zu Gleichgestimmten geknüpft. Mit ihnen kommt man zu einer neuen schöpferischen Entwicklung.

Der Grundton, der mit 39 eingesetzt hat, hat sich in der 46 zu einer Lebensmelodie ausgewachsen. Wenn man gelernt hat, auf den Grundton zu hören und darauf abgestimmt zu bleiben, werden die Widerstände, auf die man stößt, transformiert, und es stellt sich heraus, daß man selbst zum Instrument geworden ist.

47

Die Frage, wie man mit dem Unerfüllten umgehen soll, bleibt in dieser Lebensperiode eine der Kernfragen. Man verfügt jetzt über mehr Milde und kommt zu der Erkenntnis, daß das Unerfüllte nicht von irgendeinem Menschen oder, im weiteren Sinne, vom Leben gutgemacht zu werden braucht.

Es geht nicht darum, die Frustration aus der Welt zu schaffen, sondern um die Bereitschaft, Frucht zu tragen, wie die Umstände auch immer sein mögen.

Frustration, das Unmögliche, das man trotzdem wünscht, Schicksalsgefühle und Gebundenheit – das alles steht nicht für sich und rechtfertigt keineswegs ein bestimmtes Verhalten oder eine bestimmte Einstellung zum Leben. Das Verhaftetsein der Persönlichkeit, die immer ihren Willen durchsetzen will, macht das Unmögliche zum Problem.

Wenn die Persönlichkeit sich der Wirklichkeit des Unvollkommenen beugt, wird das Unmögliche zum Ausgangspunkt für stille Betrachtung. Diese unmögliche Möglichkeit aber bietet die 47. Dann ist die 47 Wahrnehmung ohne Urteil. Was man tut, tut man nicht mehr in erster Linie für das, was darauf folgt. Die Handlung ruht in sich.

48   In der Gesellschaft besteht ein großes Bedürfnis nach dem, was aus stiller Betrachtung entsteht. Mit 48 kann man merken, wie sehr die natürliche Weisheit, die in den vorangegangenen Jahren persönlich geworden ist, gefragt ist.

Gerade als gereiftes Individuum wird man wertvoll für die, welche die Beschränkung der Formenwelt erfahren, sich aber bei ihren Entscheidungen vor allem noch von beharrenden Überlegungen bestimmen lassen. Sie bitten um Rat und wenden sich an den weisen Richter, der sowohl für sich selbst als auch für seine Umgebung 48 geworden ist.

Der wirklich weise Richter kennt in sich durchaus die Spannung zwischen Kreativität und Gesetz, Rhythmus und Maß. Jede kategorische Antwort ist ihm fremd. Auch im eigenen Dasein.

So fördert das Durchlebte das Wachsen.

Die achte Phase
49 bis 56 Jahre
Leiten und geleitet werden

Der Mensch leitet und wird geleitet. Daß er durch das Labyrinth hindurchfinden konnte, ist allein dem Faden der Liebe zu verdanken, der ihm immer wieder in die Hände gelegt wurde. Dieses Bewußtsein macht ihn dankbar und gibt ihm das Recht, andere zu leiten.

Die äußere Welt beginnt, an Kraft einzubüßen. Die innere Welt kann mehr zutage treten. Wenn man sich dieser inneren Welt verschließt, bleiben einem zwei Wege offen: Man widersetzt sich dem Zeitgeschehen und versucht krampfhaft, jung zu bleiben, oder man erliegt der Macht der Zeit und wird ein Ausgelöschter.

Man zieht Bilanz. Was habe ich wirklich in meinem Leben geleistet? Worauf kann ich stolz sein? Oder war ich doch nicht mehr als ein ersetzbares Rädchen in einer riesigen Maschinerie?

Das Spiel des Leuchtens ist ausgespielt. Der Mensch hat gewonnen oder verloren. Er hat auf jeden Fall verloren, wenn er weiter leuchten will.

49   Das Symbol der 49 ist die Kerze: eine einfache, aufragende Form, die Licht trägt und sich selbst dem Licht als Nahrung gibt.

Es sieht so aus, als ob die Individualität (und die Vorstufe des Individuums: das Ich) nur zustande kommen kann, indem man sich von den anderen unterscheidet und dadurch selbständig wird. Aber man kann nicht selbständig werden, wenn die Liebe fehlt. Ohne Liebe führt der Drang nach Selbständigkeit zu endloser Zersplitterung.

Die 49 erfährt bewußt, daß alles Werden vom zartesten Kindesalter an bis jetzt sich innerhalb einer Atmosphäre des vollkommenen Behütetseins vollzog. Die Große Mutter hat alle Zeit über uns gewacht, auch in den einsamsten Augenblicken, als wir uns von Gott und allen Menschen verlassen wähnten.

Manchmal scheint es, als peinige die Große Mutter uns auf sinnlose Weise – als ob sie uns, wie es von der griechischen Muttergöttin Demeter beschrieben ist, in ein großes Feuer legt. Früh oder spät kommt dann die Enthüllung: Das Feuer ist ein heilendes Feuer. Es bringt uns nicht den Tod oder unendliches Leiden, sondern die Befreiung vom Uneigentlichen. Das ist ein Grund zur Dankbarkeit.

Diese Dankbarkeit ist eine Realität für die 49, und wenn man diese Wirklichkeit schändet – zum Beispiel dadurch, daß man sie leugnet –, wird man sofort das isolierte verzweifelte Kind, das man schon sein Leben lang als Möglichkeit in sich trägt.

Sieben Jahre lang sind wir äußerst aktiv gewesen, um uns einen Weg durch das Labyrinth unseres Daseins zu suchen. Darin sind wir geläutert und möglicherweise auch gewandelt worden. Zwischen unserem Denken und unserem Fühlen, unserem Kopf und unserem Herzen, hat sich eine größere Einheit gebildet.

Jetzt wissen wir: daß wir hindurchgefunden haben, war nur dem Faden der Liebe zu verdanken, der uns immer wieder in die Hände gelegt wurde. Wir glaubten zu handeln, aber wir wurden geleitet.

So beginnen wir in Dankbarkeit, selbst andere zu leiten.

50   Die Leitung, die wir übernehmen, liegt darin, daß wir uns im Zeitlichen auf das Zeitlose richten. So geben wir die Richtung an.

Die Fragen und Probleme, die zutage treten, müssen möglichst genau analysiert werden. Wir suchen nach den Ursachen und fragen uns, welche Konsequenzen sich daraus ergeben können.

Während wir untersuchen und analysieren, ist uns klar, daß wir die wirkliche Ursache nicht wissen und daß wir die Zukunft nie kennen können. Vergangenheit und Zukunft sind unsere Projektionen.

Das Wunder ist, daß das Leben sich fortwährend manifestiert, trotz der Projektionen und durch die Projektionen. Die Zukunft wird, was auch immer wir aus ihr machen wollen, etwas, das auf uns zukommt – ein Geschenk.

Die 50 – im konkreten Dasein verwurzelt – richtet sich auf die Essenz, die in allem ihre volle Gestalt annehmen will.

Wer das Zeitgeschehen so mit beiden Augen beobachtet und das eine, das innere Auge auf das Zeitlose gerichtet hält, ist wie ein biblischer Erzvater, der «sein Volk durch die Wüste leitet, von Quelle zu Quelle».

Vielleicht sagt man darum in Holland von einem, der die 50 überschritten hat, er habe «Abraham gesehen», und feiert den 50. Geburtstag entsprechend.

51 ist das Jahr der Quelle. Das I Ging sagt: «Man kann die Stadt verlegen, aber nicht den Brunnen.» Du kannst wohl die Art und Form deiner Existenz verändern, aber du hast keinen Einfluß auf die Kraft, die dich beseelt.

51

In dieser Periode wird einem klar, wie wenig man dadurch zustande bringt, daß man Macht ausübt, und wie einflußreich man von sich aus ist. Du siehst eine Richtung, die passend ist – für dich selbst und möglicherweise auch für andere. Es ist notwendig, keinen Zwang auszuüben, um dieser Richtung zu folgen. Durch Zwang verändert sich die Qualität der Richtung.

Die Richtung, für die man sich entscheidet, braucht nicht schnurgerade, wie mit dem Lineal gezogen, zum Ziel zu führen. Während man in eine bestimmte Richtung geht, bekommt man eine Information, die wieder in eine neue Richtung weist. Wenn man dann trotzdem die zuerst eingeschlagene Richtung bis zum bitteren Ende einhalten will, wird das Dasein freudlos, und man erreicht auch das erwünschte Ziel nicht. Nur in der Reaktion auf die eingeschlagene Richtung läßt sich die Fortsetzung finden, der zu folgen die Mühe wert ist und die dem Ganzen zugute kommt.

Dies ist der Unterschied zwischen dem Fundamentalismus und der freien Entfaltung, zwischen der alten Herrschaftsform und einer neuen Gemeinschaft.

52   Jeder Mensch ist, wenn er jung ist, ein Versprechen. Viele sind vielversprechend. Es scheint, als sei es ein Segen, vielversprechend zu sein, aber oft ist es eher ein Fluch als ein Segen. Der Vielversprechende und seine Umgebung lassen sich allzuleicht vom Reiz des Vielen umgarnen, das möglich ist. Sie phantasieren über Eventualitäten und vergessen dabei, daß ein Versprechen nur Wirklichkeit werden kann, wenn man sich entscheidet und Opfer bringt.

Für den Vielversprechenden ist es eine große Versuchung, alle Möglichkeiten offenzuhalten und sich nicht zu beschränken. Wenn er dieser Versuchung erliegt, wird die wirkliche Lebensmöglichkeit überwuchert. Das Ganze sieht dann zwar wie ein üppiges Gewächs aus, aber letzten Endes wird sich herausstellen, daß es keine Frucht trägt.

Es muß geschnitten werden, wenn die wirkliche Möglichkeit wieder zum Vorschein kommen soll. Geschnitten werden tut weh.

Das Leben hackt und schneidet. Man verliert die Menschen, die man liebhat – das, was man in Händen zu haben glaubt, wird einem genommen. So wird man desillusioniert. Man verliert das, was man unbedingt nötig zu haben glaubt, um die wundervollen Versprechen wahrmachen zu können.

Aber zugleich kommt es auch zur Befreiung des Versprechens, das man ist. Der Herbst hat nun wirklich eingesetzt. Die Früchte hängen am Baum.

Die 53 sitzt am Fenster und schaut nach drau- **53**
ßen. Sie betrachtet die Vergänglichkeit der Jugend.

Im Licht des Nachmittags ist das Leben von großer
Schönheit erfüllt. Alles verliert seine scharfen Umrisse.
Es wird sichtbar, daß alle Dinge Teil eines größeren
Ganzen sind. Aber in der «Verdunklung des Lichts»
wird ebenfalls sichtbar, wie zeitlich begrenzt sie in ihrer
Erscheinungsform sind.

Der Betrachter am Fenster weiß, daß die Dämmerung
einfällt und daß es dunkel wird. Die Kinder, die hundert Meter weiter spielen, werden bald nicht mehr
vom Hintergrund zu unterscheiden sein.

Alle Dinge kehren zu ihrem Ausgangspunkt zurück.
Alles Dasein ist zeitlich begrenzt. Das weiß die 53.
Aber ihr Wissen reicht tiefer: Die Qualität ihrer Wahrnehmung wird nicht vom äußeren Licht bestimmt,
sondern vom inneren.

Wer mit 53 nicht weiß, daß er dies weiß, dem bleiben
zwei Wege offen: Er widersetzt sich dem Zeitgeschehen und versucht krampfhaft, jung zu bleiben, oder er
erliegt der Macht der Zeit und wird ein Ausgelöschter.
In beiden Fällen nimmt die Zeit unwiderruflich Besitz
von ihm. Die Nacht kommt, und dann werden auch
seine Konturen verschwinden. Er löst sich im Nichts
auf, ob er sich sträubt oder nachgibt.

Wenn die äußere Welt an Kraft einbüßt, kann die innere
hervorbrechen. Indem die 53 sich im abnehmenden
Licht auf ihre innere Welt richtet, gibt sie Richtung.

54 Die früheren Beweggründe sind weniger entscheidend. Das Dasein hat einen Wert in sich. Es ist ein Vergnügen dazusein. Oder nicht. Diesen Moment kann selbst die allerschönste Zukunftserwartung nicht aufwiegen. Was ich auch immer für einen anderen tue, wenn ich es nicht von mir selbst aus tue, ist niemandem damit gedient. Die Qualität des Daseins wird von meiner Verfassung, meiner Sicht, meinem Einsatz bestimmt.

Die Frage ist stark: Was habe ich wirklich in meinem Leben geleistet? Worauf kann ich stolz sein? Oder war ich doch nicht mehr als ein ersetzbares Rädchen in einer riesigen Maschinerie?
Es gilt, sich von der Melancholie, die diese Frage umgibt, nicht lähmen zu lassen. Es ist eine Frage, die eine aufrichtige Antwort verdient.
Der Witz mit 54 ist der, daß, wenn man auf eine ehrliche, nicht-emotionale Art und Weise Bilanz zieht, alle Verdienste sich als durchsichtig erweisen. Was immer man tat, man hat nichts Neues unter der Sonne hervorgebracht.
Der größte Witz ist aber der, daß man, wenn man dies zugibt, eine Öffnung für das Neue schafft. Bescheiden kann man dann seinen einzigartigen Beitrag leisten.

So schlicht wie man ist, trägt man sein Steinchen zu einem gemeinsamen Bauwerk bei.

Die Kraft der Individualität – der persönlichen **55**
Eigenart – erreicht mit 55 ihre höchste Form.

Der zweite große Lebenszyklus – der mit 28 angefangen hat – geht zu Ende. Wie bei der 27 nähert man sich wieder dem Ausgangspunkt, wo die Lebensreise begann. Im ersten Zyklus (von 0 bis 28) wurden die Karten des Lebensspiels gemischt und verteilt; wir sahen, was wir in Händen hatten. In diesem zweiten Zyklus wird das Spiel gespielt; wir sehen, wie wir mit dem umgehen, was wir in Händen haben. Von 28 bis 56 hat man eine eigene Spielweise entwickelt. Man ist ein Gewinner oder Verlierer geworden. In der gewählten Spielform wurde die höchste Perfektion erreicht.
Mit 55 spielt man seinen letzten Stich. Der letzte Stich bestimmt oft den Ausgang des Spiels. Dies ist ein entscheidendes Jahr. Alles kann sich noch ändern.

Die neunte Phase
56 bis 63 Jahre
Himmel und Erde

Es kann schmerzhaft sein zu erfahren, daß man das Leben nicht mehr im Griff hat. Die Zeit zerrinnt wie Wasser in den Händen. Alles geht so schnell. Gleichzeitig ist aber das andere Tempo da, tief im Innern – der stetige Herzschlag. Wieder ist die Versuchung groß, daß man sich doch dazu zwingt, sich dem Wirbel der Außenwelt anzupassen. Wer das tut, wird höchstens ein von anderen abgeleitetes Leben führen und schließlich unweigerlich in Schwierigkeiten geraten. Wenn er sich aber nicht auf die Außenwelt abstimmt, sondern auf die Quelle in ihm, wird sich zeigen, daß er selbst ein Zentrum ist.

Was er als Zentrum zu bieten hat, sind nicht in erster Linie Sachkenntnisse, sondern Erkenntnisse, weil er Dinge durchschaut. So ist er Vorbild und Stütze. In dieser Lebensphase beginnt ein alchimistischer Prozeß. Der bietet die Möglichkeit, die Kraft, die seit frühester Jugend in uns brennt, zu Weisheit zu transformieren und auf ein Ziel zu richten. Wer diese Alchimie betreibt, verjüngt sich selbst; er transformiert Vitalität zu Geisteskraft.

56 Dritte Geburt.

Dies ist das dritte Mal, daß ein großer Zyklus von achtundzwanzig Jahren einsetzt.

Der erste Zyklus steht im Zeichen des physischen, emotionalen und mentalen Wachstums. Das Schlüsselwort ist *aufgehen*. Die Geburt am Anfang des Erdendaseins ist vor allem eine körperliche Geburt – eine Inkarnation; es ist ein physisches Wunder. Mit anderen Worten: Bei der ersten Geburt wird das Wort Fleisch. Während des zweiten Zyklus besteht die Möglichkeit, eine einmalige Form anzunehmen – Individuum zu werden – und so einen Beitrag zu dem sozialen System zu leisten, in das man eingebunden ist. Das Schlüsselwort ist *leuchten*. Die Geburt zu Beginn des zweiten Zyklus ist vor allem eine psychische Geburt. Die Persönlichkeit fängt an, sich bei ihrem Handeln von ihrer inneren Stimme leiten zu lassen. So verbindet sie auf individuelle Weise die Innen- mit der Außenwelt und findet nach und nach ihre Bestimmung. Anders gesagt: Bei der zweiten Geburt lernt das Fleisch, sich auf das Wort abzustimmen.

Der dritte Zyklus steht im Zeichen der Vergeistigung und der Rückkehr zum Ursprung. Die Beziehungen, die im zweiten Zyklus geknüpft wurden, und die Strukturen, in die man als Bestandteil eingefügt war, verändern sich und zerbröckeln, werden durchsichtig oder lösen sich auf. Das Schlüsselwort ist *versinken*. Die Geburt am Ende des dritten Zyklus ist eine spirituelle Geburt – eine Geburt im Geist. Mit anderen

Worten: Bei der dritten Geburt wird das Fleisch Wort. Es entsteht ein neues Interesse an Lebensfragen, Philosophie und Religion. Im zweiten Zyklus war vor allem das Zweckmäßige wichtig, im dritten Zyklus geht es um das Sinnvolle im Hinblick auf den Tod. Die Lebenserfahrung des zweiten Zyklus reift sich im dritten zur Lebensweisheit aus.

Die 56 kann auf eine neue Art und Weise das Gleichgewicht zwischen ihrem Wünschen und Trachten und den Erwartungen ihrer Umgebung finden.
Weigert sich der 56jährige Mensch zu akzeptieren, daß er seine bisherige Laufbahn nicht linear fortsetzen kann, so gerät er ins Stocken – und seine Umgebung stagniert mit ihm. Wenn er aber erkennt, daß er Altes loslassen muß, um sich neu orientieren zu können, bleibt er flexibel, und seine neue Lebensaufgabe wird sich ihm enthüllen. Nur dann wird auch seine Umgebung ihn weiter respektieren.

57   Zunehmende Weisheit ist nicht dasselbe wie abnehmende Aktivität. Die schöpferische Kraft wird anders ausgerichtet und ist weniger scharf als bisher, weil jetzt auch Hilfe akzeptiert wird.

Die 57 läßt die Zügel locker. Sie lenkt weniger und teilt mehr ihre Sichtweise mit. Der Einfluß, den sie ausübt, und die Hilfe, die sie bietet, sind auf ihre Lebenserfahrung gegründet. Sie erkennt, daß ihre Entwicklung mit einem Abnehmen der Fähigkeiten auf anderen Gebieten verbunden ist. Ihre kreativen Impulse kann sie nur geben, wenn sie akzeptiert, daß sie selbst Hilfe braucht. Mit 57 ist dies möglich: Helfend ist man nicht überheblich – hilfsbedürftig fühlt man sich nicht herabgesetzt.

Innerhalb von Zeit und Raum findet Schöpfung **58**
statt. Wie gern würde man sich andere Möglichkeiten
und andere Welten wünschen! Es geht um die konkrete
Wirklichkeit. Daher kann es schmerzhaft sein zu erfahren, daß man das Leben nicht mehr im Griff hat. Die
Zeit zerrinnt wie Wasser in den Händen. Alles geht so
schnell. Gleichzeitig ist aber das andere Tempo da, tief
im Innern – der stetige Herzschlag.
Die Versuchung ist groß, daß man sich doch dazu
zwingt, sich dem Wirbel der Außenwelt anzupassen.
Aber wer das tut, wird höchstens ein von anderen abgeleitetes Leben führen und schließlich unweigerlich in
Schwierigkeiten geraten. Man rennt dann hinter den
Tatsachen her. Wie einer, der nicht genug Anlauf nehmen konnte, um auf einen schon fahrenden Zug zu
springen; wenn er nicht schnell losläßt, verunglückt er.

Schöpferisch aktiv zu sein, ist jetzt nur dann möglich,
wenn man selbst das Zentrum wird. Laß die Fragen
auf dich zukommen und beantworte sie nicht aus alter
Gewohnheit! Nicht die Kenntnis der Tatsachen ist
gefragt, sondern Durchschau – keine Schnelligkeit,
sondern «Timing».
Durchschau und Timing hast du zu bieten, wenn du
dir bewußt bist, auf Dauer bewußt bist, daß Raum und
Zeit nichts von dir verlangen, sondern Möglichkeiten
sind, in denen du dich bewegst und ausdrückst.

Dies ist der Leitgedanke der 58:

> Die Zeit drängt mich nicht zur Hast.
> Der Raum zwängt mich nicht ein.
> Wie auch immer die Umstände,
> ich teile mich schöpferisch mit.

Wenn ich bin der ich bin
ist die Zeit
das Öffnen und das Schließen
des bunten Fächers
der ich bin
von der Geburt bis zum Tod

59

Aus der Rückschau auf ihr Leben sieht die 59, inwieweit sie sich von dem Eindruck hat bestimmen lassen, den sie auf andere zu machen hoffte, und inwieweit sie sich von ihren tiefsten Wünschen und ihrem besten Wissen leiten ließ. Sie sieht die Resultate ihrer Lebensentscheidungen.

Angst und Liebe waren ihre Lebensgefährten. Im Spannungsfeld zwischen diesen beiden hat ihre Existenz eine bestimmte Form angenommen.
Darf diese Form sich auflösen?

60   Einigen taoistischen Schulen in China zufolge kann man sich erst dem Allerhöchsten widmen, wenn man auf die 60 zugeht. Die alten Griechen nannten 60 das Alter des Philosophen – des Menschen, der nach der tiefsten Bedeutung der Dinge und der Grundlage aller Werte sucht.

Der Philosoph beginnt bei sich selbst. Er kennt sich selbst in seiner Relativität *und* Unvergänglichkeit. Er relativiert ohne Zynismus und konstatiert ohne Dogmatik.

Selbstkenntnis ist der Ausgangspunkt des Philosophen. Er ist milde, aber er verharmlost nicht. Er unterscheidet, aber er verurteilt nicht. So trennt er die Spreu vom Weizen. Wenn er Rat gibt, ruft er die Wahrhaftigkeit bei dem anderen wach, so daß dieser sich selbst die Antwort geben hört.

Das letzte Wort der 60 ist Schweigen.

Das Feuer nährt sich von allem, was brennbar ist. **61**
Wenn es keine Nahrung mehr findet, schwelt es noch
eine Weile und erlischt dann.
Es ist kein Kunststück, mitten im Sommer einen Wald-
brand zu verursachen. Ein einziges Zündholz genügt.
Es ist eine große Kunst, ein Feuer im Winter mit wenig
Heizmaterial Tag und Nacht brennend zu halten. Mit
61 fängt man an, diese Kunst zu erlernen.

Die Vitalität der Jugend kann ungezügelt sein. Der
Weise lernt jedoch, sein Feuer zu beherrschen, zu
sammeln und zu lenken.
Er macht sich nicht mehr von Brennstoff abhängig, der
von außen kommt. Er verliert sich nicht mehr in Lei-
denschaften und Emotionen. Dennoch läßt er das
Feuer nicht ausgehen. Er nährt es mit sich selbst, denn
er selbst ist der Brennstoff geworden. Und mehr als
das: Er ist auch der Ofen, der das Feuer umschließt, es
zügelt und lenkt. So setzt er das Kleine ins Große um
und verwandelt Vitalität in Geisteskraft.

Mit 61 erinnert sich der Mensch der kleinen und großen Brände in seinem Leben – der Verliebtheiten, leidenschaftlichen Verhältnisse, Ausbrüche, begeisterten
Unternehmungen. Er sieht sich an, wie er mit dem
Feuer umging, was er getan und was er vermieden hat.
Ist er vom Feuer verzehrt und verbraucht worden? Hat
er das Feuer verweigert, ist er dadurch kalt geworden
und erstarrt? Ist ein respektvolles Freundschaftsver-
hältnis entstanden?

Mit 61 beginnt ein alchimistischer Prozeß. Der bietet die Möglichkeit, in Weisheit die Kraft, die von frühester Jugend an in uns brennt, zu transformieren und zu richten. Wer diese Alchimie betreibt, verjüngt sich selbst. Er wird ein Unsterblicher, um wieder eine Bezeichnung aus der chinesischen Kultur zu gebrauchen, die soviel mehr als die Kultur des Westens ein Auge für die großartigen Möglichkeiten des älteren Menschen hat.

Der Unsterbliche.
Jung und doch alt, reich an Erfahrung, aber keine Erfahrung bestimmt ihn. Seine Wanderung ist zu Ende, dort, wo er geht, ist sein Zuhause.
Das Wahrhaftige nährt er, am Unwahrhaftigen geht er vorbei, unermüdlich.

Mit 62 geht der Mensch zu seinen Wurzeln zurück. Er besinnt sich auf seine Abstammung. Er blickt auf seine Eltern zurück, als sei er ihre Eltern. Er sieht, wie sie suchten und verstrickt wurden und fanden. So zerbricht er die letzte emotionale Abhängigkeit, die ihn noch an sie band.

62

Wer seinen Vater und seine Mutter so sieht und nicht mehr an einer angenehmen und unangenehmen Vorstellung von ihnen hängt, ehrt sie, wie sie sind. Er gibt seine Eltern an sie selbst zurück. Das ist eine Form von Vergebung.

Das Erstaunliche ist, daß du erst dann, wenn du das tust, selbst Zugang zu den Wurzeln des Stammes erhältst, aus dem du hervorgegangen bist. Du wirst zum Stammesältesten.

Als Stammesältester kennst du die Kräfte, denen dein Stamm, deine Familie, unterworfen ist. Du siehst, was die Möglichkeiten und die typischen Probleme dieser Familie sind, Generation nach Generation, und wie du ein Leben lang damit beschäftigt gewesen bist, darauf eine eigene Antwort zu finden.

Wenn du deinen Vater und deine Mutter ehrst, so wie sie sind, koppelst du sie auch von der Kraft los, die durch sie zu deiner persönlichen Existenz geführt hat: die sexuelle Kraft. Das ist sehr wichtig, denn das Verhältnis zu Vater und Mutter und ihre Beziehung zueinander hat in hohem Maße deine sexuellen Gewohnheiten, Muster und Abhängigkeiten geprägt. Wenn du deine Eltern losläßt, nimmst du damit zugleich Abstand von diesem Netzwerk sexueller Automatismen.

Praktisch bedeutet dies, daß der Mensch mit 62 sein Leben Revue passieren läßt. Alles, was er erfahren hat, kann er als ein «psychischer Wiederkäuer» heraufholen, um es von neuem wahrzunehmen und anschließend zu verdauen. Er verdaut seine Erfahrungen, weil er sie von Anfang bis Ende überblickt und weil er vergibt – den anderen und vor allem sich selbst.

Mit 62 hat man die Möglichkeit, sich seinem Triebleben gegenüber neu und frei zu verhalten und so den typischen Bruch der Geschlechter aufzuheben. Als Stammesältester kann man nun anderen helfen, ihre Antwort auf die Urkräfte zu finden, denen sie unterworfen sind.

Die zehnte Phase
63 bis 70 Jahre
Schlichtheit

Der Winter des Lebens beginnt. Die Außenseite der Dinge wird immer bedeutungsloser. Der Mensch kann das Dasein genießen, wie es ist.

In dieser Phase zeigt sich, inwiefern er in der Arbeit, die er tat, lebendig geblieben ist. Hat er gearbeitet, weil es nun einmal sein mußte, um «sein tägliches Brot zu verdienen», oder hat er seine Arbeit aus innerer Notwendigkeit getan? Wenn das der Fall war, ist er im Feuer des Alltagsdaseins weder zu Asche verbrannt noch zu Schlacke versteinert, sondern zu Gold geworden. Das «innere Erz» wurde freigesetzt.

Wenn der Mensch in seinem stofflichen Dasein eine kleine Luke zur nicht-stofflichen Welt offengehalten hat, wird er nicht erstarren. Auf Grund seiner Erfahrung kann er dann auf die Fragen des Alltags eine weise Antwort geben. In äußerster Schlichtheit liegt seine stärkste Wirkung.

63 Die 63 ist das Ende des Gänsebrettspiels – eines altniederländischen Würfelspiels, das den Lebensweg des Menschen in einer Spirale symbolisch darstellt. Wer das Ziel, die 63, erreicht, hat gewonnen und bekommt alle Spielmarken, die in der Kasse sind.

Meistens kommt man erst bei der 63 an, wenn man in den tiefen Brunnen (31) gefallen ist, das heißt den Mut verloren hat, nachdem man sich im Labyrinth (42) verirrte oder das Leben als Gefängnis (52) erfuhr. Mit eigener Kraft und der Hilfe anderer hat man diese Hindernisse überwunden. Auf der 58 nahm man den Tod als die unentrinnbare Endstation wahr, aber man hat sich davon nicht bestimmen lassen. Man hat seine eigene Sichtweise entwickelt und einen eigenen Lebensrhythmus gefunden, und nun ist man frei, alles das zu genießen, was man während des Lebensspiels eingesetzt hat.

Die 61 und die 62 befreien das Feuer aus der Konditionierung. Die 63 genießt das Dasein, wie es ist, frei und schlicht. Die 63 ist endgültig, sie läßt sich nicht rückgängig machen. Ein Vorbild, unnachahmlich, aber anregend.

Es darf vorbei sein mit der Spannung. Auch die Außenwelt zwingt die 64 nicht mehr, Kopf und Herz getrennt zu halten. Mit 64 darf der Mensch auf subjektive Weise objektiv sein und auf objektive Weise subjektiv. Er darf so denken wie er fühlt, und umgekehrt.

Ist die Spannung zwischen Kopf und Herz aufgehoben, so lösen sich auch die negativen Folgen der Spannnung auf. Bevor sie sich auflösen können, werden sie sichtbar. So werden viele Gefühle der Sympathie und der Antipathie ins Licht der Entscheidung zwischen Kopf und Herz gerückt. Vor allem am Verhältnis zu den Kindern und Enkeln (oder anderen, die mindestens eine Generation jünger sind) merkt man immer deutlicher, wie sehr man sich von der eigenen Spaltung des Bewußtseins hat bestimmen lassen. Den unterschätzten Teil hat man – in der jungen Generation – erneut abgelehnt und schwarzgemacht, oder man hat ihn schätzen und lieben gelernt. Man merkt immer deutlicher, daß man auf Grund persönlicher Eigenarten die einen zu Favoriten erklärt und die anderen abgelehnt hat.

Jetzt entstehen Verschiebungen in den Beziehungen. Je vollständiger man sich selbst kennen und lieben will, um so vollständiger will man auch seine Kinder und Enkel kennen und liebhaben.

Man ehrt seine Kinder, so wie sie sind, und ist selbst ein ehr-würdiger Vater oder eine ehr-würdige Mutter.

65 65 ist für viele das Jahr, in dem man Abschied von der Berufsarbeit nimmt und Rentner wird.

Im allgemeinen hat man im Arbeitsprozeß keine Funktion mehr und erhält nun von der Gemeinschaft einen finanziellen Beitrag. Es ist zu hoffen, daß man dank dieses Beitrags – wie es in der Sprache der Abschiedsredner heißt – «seinen Lebensabend unbesorgt genießen kann». Das ist gut geregelt. Die Menschen, die in der Arbeit, die sie in all den langen Jahren – zum Teil auch zugunsten der Gemeinschaft – getan haben, ausgebrannt sind, brauchen sich nicht weiter abzurackern, und die Menschen, die im Arbeitsprozeß zu «Schlakken» geworden sind und den Fortgang der Arbeit behindern, können auf eine anständige Art und Weise «abgebaut» werden.

Es ist die Frage, ob eine solche «Freikaufregelung nach der letzten Runde» nicht viel zu spät kommt und ob die Menschen nicht besser eine andere «Strecke» gelaufen wären – eine andere Arbeit und andere Arbeitsumstände gehabt hätten. Daß sehr viel Arbeit ein freudloses Elend ist, das nur wegen der Bezahlung – der Entschädigung – durchgestanden wird, löst man nicht mit einer kollektiven Regelung, sobald die Jahre der Freudlosigkeit ihren Tribut fordern.

Eine weit ernstere Beschwerde gegen den Pensionierungszwang im Alter von 65 Jahren ist, daß lange nicht alle Menschen, die bis zu diesem Alter berufstätig waren, völlig ausgebrannt oder zu «Schlacken» erstarrt sind. Es gibt auch Menschen, die bei der Arbeit, die sie gemacht haben, springlebendig geblieben sind. Diese

Menschen sind reich an Erfahrung und weise. Sie sind im Feuer des Alltagsdaseins weder zu Asche verbrannt noch zu Schlacke versteinert, sondern zu Gold geworden. Das «innere Erz» wurde freigesetzt.

Diese Goldklümpchen werden ebenfalls aus dem Arbeitsprozeß entfernt. Ein großer Verlust für den Platz, an dem sie wirkten, und im weiteren Sinne für die Gemeinschaft.

Wir sind eine arme Kultur. Arm, weil wir unseren Reichtum abweisen.

Wenn wir trotzdem von jemandes unersätzlichen Qualitäten Gebrauch machen wollen, müssen wir die offiziellen Vorschriften umgehen und Ausreden erfinden. Denn «eigentlich dürfen Sie nun nicht mehr arbeiten – jetzt müssen Sie tun, was Sie immer schon am liebsten tun wollten».

Asche, Schlacke und Goldklumpen. Das ist die 65. Was lauter Staub ist, wird wieder zu Staub werden. Wenn der Mensch aber in seinem stofflichen Dasein eine kleine Luke zur nicht-stofflichen Welt offengehalten hat, kommt es nicht zu einer alles beherrschenden Erstarrung. Dann hat die 65 aus der gereiften Erfahrung heraus eine individuelle Antwort auf die Fragen des täglichen Lebens.

Diese Antwort verweist auf eine neue Lebensmöglichkeit, die das stoffliche Bewußtsein nicht sieht. Die Sichtweise der 65 ist die Vorausschau auf lange Sicht.

66 Die 66 sagt: «Das Lebensgesetz, dem ich gehorche, ist zugleich die Kraft, die mich beseelt. Ich berufe mich nicht mehr auf meine persönlichen Leistungen. Ich halte auch nicht mehr an äußerlichen Regeln fest. Es ist unerheblich, wer ich bin, wie man mich sieht und wie es sich eigentlich gehört. Wenn ich in der Liebe bin, ist alles in Ordnung.»

Die 66 bildet sich nichts ein. Sie fügt sich den Formen. Gerade im Unnachdrücklichen liegt ihre größte Wirkung.

Mit 67 Jahren erkennt der Mensch in allem die **67**
Möglichkeit des Wachstums und der Entwicklung. Er
sieht, daß zum Wachsen das Dunkel genauso notwendig ist wie das Licht, daß die Entbehrung ebenso positiv
formend sein kann wie der Luxus. In seiner Welt existieren das Gute und das Böse nicht mehr als getrennte
Wirklichkeiten.

Die 67 weiß, daß alles, was geschieht, Hilfe ist. Die
Dinge stehen nicht für sich; es ist Medizin, bittere und
süße, die nur dann wirksam ist, wenn «der Patient» – der
suchende, leidende Mensch – sie einnehmen will. Wenn
alles, was das Leben bietet, aufgenommen, wenn die
Medizin genommen wird, wie sie kommt, ist der
«Patient» geheilt.

Die 67 arbeitet in der Stille. Sie ordnet und gliedert. Sie
rückt die Dinge etwas mehr ins Licht oder stellt sie
etwas mehr ins Dunkel. Minimaler Einfluß – große
Folgen.

68 Das Schlüsselwort der 68 ist Wehrlosigkeit. Man meint wohl, Wehrlosigkeit sei Kraftlosigkeit, aber das ist ein Irrtum. Vielleicht ist die Wehrlosigkeit sogar die größte Kraft, die man für Belange einsetzen kann, die über die Selbsterhaltung hinausgehen. Das Kleine verteidigt sich mit Wehrbarkeit, dem Großen dient die Wehrlosigkeit. Wehrlosigkeit setzt Vertrauen voraus. Wenn die 68 sich in Empfänglichkeit öffnet, handelt sie, indem sie nicht handelt.

Dieses Nichthandeln hat nichts mit Faulenzen zu tun. Es ist das größtmögliche Gegenwärtigsein, ohne Angst, Vorurteile oder Erwartungen. Wer so in Ruhe ist, wird von selbst bewegt und schlägt von selbst eine Richtung ein, sagt etwas, tut etwas. Diese Richtung steht nicht im Gegensatz zu einer anderen Richtung. Es ist die eine Möglichkeit. Es ist das, was die 68 selbst ist und sonst nichts. Daher ist es Nichthandeln.

So ist die 68 wirksam, indem sie den Linien des Lichts in der Materie folgt.

69

Das lebende Wort durchbricht jede Verteidigung. Das Ohr kann sich der Wahrheit nicht verschließen. Wohl vermag der Mensch, sich abzuwenden, nachdem er die Wahrheit gehört hat, und das Vernommene zu verdrängen, zu verformen und zu vergessen. Anschließend kann er dann eine rasende Wut auf den Verkünder der Wahrheit bekommen und versuchen, alle seine Unlust an ihm auszulassen. Das alles kann aber nicht verhindern, daß die Wahrheit *einen* Moment vernommen wurde.

Die 69 vermag die Wahrheit zu sehen und in Worte zu fassen – in äußerst schlichter Form. Wenn sie klug ist, wirft sie keine Perlen vor die Säue, keine Rosen vor die Esel. Sie gibt ihr Geschenk – das lebende Wort – denen, die ihr inneres Ohr öffnen wollen.

Inmitten aller gesellschaftlichen Kontakte ist die 69 still. Reden ist Silber, Hören ist Gold, Schweigen ist der Stein der Weisen.

Die elfte Phase
70 bis 77 Jahre
Durch den Tod

Es ist ein altes Bild: Alles, was geschieht, ist vom Uroboros umschlossen, der Schlange, die den eigenen Schwanz frißt. Der Uroboros markiert die Grenze aller Dinge.

Diese Schlange ist das Symbol der Zeit und der Gesetze der Zeit, denen alles und jeder unterworfen ist. Eines der wichtigsten Gesetze, wenn nicht das wichtigste überhaupt, ist, daß alles, was jemals entsteht, auch einmal vergeht. Alles, was geboren wird, muß sterben. Kerniger gesagt: Leben in der Zeit ist Sterben. Auf manchen Abbildungen des Uroboros ist zu sehen, daß die Schlange nicht für sich existiert, sie wird aus einer anderen Wirklichkeit «herniedergelassen», die sich unserem Blick entzieht.

Damit wird ausgedrückt, daß das Zeitgeschehen nicht die letzte Wirklichkeit und daß der Tod als Ende des Zeitgeschehens kein definitiver Endpunkt ist. Der Tod ist ein Wächter. Er ist, wie die Heiligen Bücher sagen, der letzte Gegner. Jenseits von ihm liegt eine andere Wirklichkeit. Wie diese aussieht, läßt sich in der Sprache von Zeit und Raum nicht ausdrücken. Aber die Wirklichkeit jenseits des Todes kann man kennen, denn der Tod ist nicht nur unser letzter Gegner am Ende unseres Erdenlebens, wenn wir den letzten Atemzug tun, er ist auch unser Gegner *in* unserem Dasein.

Von Minute zu Minute können wir uns von unserer Angst bestimmen lassen, die letzten Endes Todesangst ist. Wir können vor dem sogenannten kleinen Tod in den täglichen Dingen zurückweichen und danach streben, um jeden Preis zu bleiben, wer wir waren, und festzuhalten, was wir hatten. So widerstehen wir den Impulsen des Lebens – der Hand, welche die Schlange herunterläßt –, und dann nehmen wir kein Risiko mehr auf uns.

Das Paradoxe ist, daß man vor dem Tod nur in den Tod flüchten kann. Wer vor dem flüchtet, was man den lebenden Tod nennen könnte – den Tod, der die Kontinuität zerbricht und damit ein neues Leben öffnet –, wird leblos. Er erstarrt, verliert die Lebenslust und bleibt ängstlich auf alles fixiert, was schiefgehen kann; er wird ein lebender Toter. Mit einem solchen Toten kann man von außen her nichts anfangen. Wenn er sich nicht selbst, von innen her, bekehrt und trotz seiner Angst und seines Grübelns sich zum Leben bekennt, bleibt er ein lebloser Mensch. Es sind diese lebenden Toten, von denen die Bibel sagt: «Laßt die Toten ihre Toten begraben.»

In den Jahren 70 bis 77 wird mit großer Kraft die Möglichkeit gegeben, den Tod als lebenslänglichen Gefährten zu erkennen und ihm entgegenzugehen. Wo man sich tot hielt, um nicht leben zu müssen, kann das Leben nun zugelassen werden. Diese Lebensperiode bietet die wesentliche Möglichkeit einer neuen Chance. Die letzte Frage in allen Dingen wird gestellt, und die Antwort darf alles erlösen.

Inhärent ist, daß du frei wirst von jeglicher Illusion, selbst von der stärksten Illusion, daß du überleben kannst, indem du dich in der Zeit fortpflanzt (durch deine Kinder, deine Arbeit, deine Schöpfungen, deinen Einfluß). Für den, der frei von Illusionen ist, gibt es nichts mehr, womit er am Zeitgeschehen hängenbleibt, und der Tod, als Bild des Endpunkts, hat keinen Zugriff mehr. Dann «stirbt man», wie der Mystiker Jakob Böhme es ausdrückt, «bevor man stirbt». Wenn man dagegen am Ende des Erdenlebens auf der Flucht vom Tod ergriffen wird, «verdirbt man, wenn man stirbt».

Die Jahre von 70 bis 77 sind Jahre der Erschöpfung, der Ergebung oder Hinnahme und aller dazwischenliegenden Abstufungen. Man findet sich mit dem Verlust ab, man ist dankbar oder man hat vollbracht. Indem man losläßt, wird man aufgenommen. Das Ende des Weges ist in Sicht. Das Gehen ist Ruhe.

Die zwölfte Phase
77 bis 84 Jahre
Ewiges Leben

Wenn der Tod nicht mehr an der Grenze der Existenz liegt, ist das Dasein ganz das, was es ist. Von außen her gibt es kein Versprechen oder keine Drohung mehr: keine Zukunft, die etwas bringen kann, was noch nicht da ist, keinen anderen, der etwas gutmachen oder schlechtmachen kann. Die Zeit ist zur Ewigkeit geworden. Das Dasein ist ewiges Leben. Ruhe.

Nichts hält gegenüber dieser Ruhe stand. Alle Erfahrung ist Wellenbewegung – aufsteigend aus, sich manifestierend, zurückkehrend zu. Nichts bleibt in der Zeit bestehen. Freude kann man nicht festhalten. Leiden kann man nicht verdrängen. Freude wird Leiden, Leiden wird Freude – manifeste Formen des Lebens, so wie die Wellen des Meeres manifeste Formen des Wassers sind.

Alle die vielen Möglichkeiten dieses einen Lebens münden in den einen Punkt: in diesen Punkt, wo ich jetzt bin, der ich bin. Nichts ist unmöglich, denn nichts verlangt etwas außerhalb meiner selbst. In Ebbe und Flut stellt die Zeit dar, wer ich bin. Nichts steht mir zur Seite. Ich bin die Zeit. So bin ich in Ewigkeit.

Ich bin kein Zuschauer mehr, sondern ein Wahrnehmender, und meine Wahrnehmung ist meine Schöpfung. Ich bin kein Opfer mehr, sondern ein Schöpfer, und meine Schöpfung ist meine Liebestat. Ich bin kein Besessener mehr, sondern ein Liebender, und meine Liebestat ist fortwährendes Erkennen.

Alt und müde bin ich, der Jahre satt. Jung bin ich, ganz und gar Verwunderung. Der Anfang bin ich und das Ende, und alles dazwischen. Die Hand, die mich in Liebe umfaßt, bin ich, in Dankbarkeit.

Ich bin.

Persönliche Erläuterung

Vorher hatte ich mir das nicht überlegt, aber es ist natürlich unumgänglich, daß man ständig mit seinem eigenen Leben konfrontiert wird, wenn man ein Buch über das ganze Leben schreibt. Bei jedem Jahr, das ich beschrieb, kamen die Erinnerungen auf (wenn es meine Vergangenheit betraf) und die Erwartungen (wenn es meine Zukunft anging), und davon mußte ich mich loskoppeln. Ich wollte ein Buch über das Leben des Menschen schreiben, keine verallgemeinerte persönliche Lebensgeschichte, aber ich prüfte, was ich schrieb, dennoch ständig im Vergleich zu meinen Erfahrungen und meiner Sicht auf die Zukunft. Ich empfand es als außerordentlich tiefgreifend, und das Buch wurde dadurch ganz konkret für mich.

Nach und nach wurde mir bewußt, daß dieses Buch, wenn es auch keine abstrahierte persönliche Lebensgeschichte ist, dennoch ein subjektives Buch ist. Es ist die Frucht einer bestimmten Lebensweise und einer bestimmten Art des Sehens und Denkens. Es ist ein Buch mit einer Geschichte – meiner Geschichte mit Zahlen und Symbolen.

Dazu möchte ich etwas erzählen.

Qualitäten und Quantitäten

Als Kind habe ich viele Märchen gehört. Meine Mutter las sie mir vor, zusammen mit biblischen Geschichten, die sie als eine Art von Märchen betrachtete. Sie war nicht christlich erzogen; die Bibel war für sie ein unbelastetes Buch, das sie erst kennengelernt hatte, als sie erwachsen war.

Ich genoß die wunderbaren Geschichten, die sie erzählte, und fing an, sie selbst zu lesen, als ich älter wurde. Die Märchen waren Wirklichkeit für mich, sage ich rückblickend. Sie waren, wie wir heute sagen würden, eine psychische Wirklichkeit. Sie gaben mir psychische Nahrung, die mir half, aufzuwachsen und ganz selbstverständlich Bezüge zwischen den Dingen zu erfühlen. In Märchen und biblischen Geschichten wimmelt es von Zahlen. Es gibt sieben magere und sieben fette Jahre, sieben Schöpfungstage, die sieben Geißlein, drei Brüder, die auszogen, um das Lebenswasser für ihren Vater zu suchen, die drei Schwestern Einäuglein, Zweiäuglein, Dreiäuglein, die Dreieinigkeit von Gott, Jesus und dem Heiligen Geist, die zwölf Brüder, die sich in Raben verwandeln, zwölf Jünger und zwölf Stämme Israels, und so weiter. Irgendwie waren die Zahlen für mich genauso wichtig wie das, was sie zusammenzählten. Es kam mir vor, als sei die Zahl der Nachname und das, was zusammengezählt wurde, der Vorname. In meiner Vorstellung gehörten die Geißlein und die mageren und fetten Jahre und die Schöpfungstage zu derselben Familie: der Familie der Sieben. Es

gab viele solcher Familien, unzählig viele, von Null bis
zu einer Million.

In der heutigen Sprache würde ich sagen, daß ich in
meiner frühesten Jugend die Zahlen als beseelte Dinge
kennengelernt habe – als Wesen, die für mich einen
Gefühlswert darstellten.

Ich vermute, daß jeder das kennt – häufig sagen mir
Leute, daß sie Lieblingszahlen haben und Zahlen, die
sie nicht mögen; bei mir war das ganz stark der Fall. Ich
erfuhr Zahlen in erster Linie als Qualitäten. Erst später,
auf der Grundschule, wurden es Quantitäten – Ziffern,
mit denen man eine bestimmte Menge (Äpfel oder Bir-
nen) angibt und mit denen sich auf bestimmte Art und
Weise arbeiten läßt. Komischerweise stellte sich
heraus, daß ich gut rechnen konnte, weil ich die Zahlen
nicht, wie viele andere Kinder, auswendig zu lernen
brauchte; ich kannte sie inwendig.

Allmählich verdrängte das Quantitative auf der Grundschule das Qualitative. Ich nahm immer mehr Lehrstoff
auf, und die Vorstellungskraft geriet in den Hintergrund. Zahlen waren die Noten, die ich in der Schule
bekam, und das Taschengeld, das mein Vater mir gab.
Aber ich las ab und zu noch ein Märchen, und manchmal zeichnete ich mitten im Unterricht einen fünfzackigen Stern, und darin einen fünfzackigen Stern,
und darin noch einen, immer kleiner. Dann war er
wieder da, der Kontakt.

Ich wußte damals nicht, daß große griechische Mathe-
matiker und Philosophen wie Pythagoras die Zahlen
für erhabene Wesen hielten und auch sagten, daß die

Zahl der Beginn aller Schöpfung sei. Ich hatte keine Ahnung davon, daß es Kulturen gab, in denen meine Art, mit Zahlen umzugehen, völlig selbstverständlich war und wo man jede Zahl – Geburtsdatum, Jahreszahl, Zahl der Kinder – in erster Linie als eine Qualität sah, als den Ausdruck einer tieferen Wirklichkeit.

Viele Jahre später fand ich dies auf wunderschöne Weise in einer wahren chinesischen Geschichte illustriert. In der Geschichte ist Krieg. Elf Generäle der einen Partei kommen zusammen, um zu entscheiden, ob sie angreifen oder sich zurückziehen sollen. Nach langem Hin und Her stimmen sie ab. Acht Generäle sind für den Rückzug, drei für den Angriff. Also beschlossen sie einstimmig anzugreifen, denn die Drei ist die Zahl der Einstimmigkeit. Die Geschichte endet mit der Mitteilung, daß der Angriff erfolgreich war.

Das Gänsebrettspiel

Nach der Grundschule kam ich auf die höhere Schule. Mathematik fand ich trocken. Ich hatte einen Widerwillen dagegen. Ich vergaß meine Liebe zu den Zahlen. Bis ich mit siebzehn Jahren das chinesische Weisheitsbuch I Ging kennenlernte. Da waren sie wieder, die Zahlen und die rhythmischen Muster, mit einer wunderbar bilderreichen Sprache, die ich intuitiv nachempfand, jedoch nicht logisch verfolgen konnte. Einige Jahre später lernte ich *das* Spiel des Lebens kennen, den Tarot mit seinen achtundsiebzig Karten. Erneut der

Schock des Wiedererkennens und des Bewußtwer-
dens: Dies ist meine Sprache! In den Jahren danach zog
ich regelmäßig das I Ging zu Rate, legte Karten und
schaute sie an, aber dabei blieb es. Bis zu meinem fünf-
undzwanzigsten Lebensjahr.

Ich war dabei, einige Dinge aufzuräumen, als ich in
einer Schachtel ein altes Kinderspiel fand: das *Oud
Hollandsch Ganzenbord* (das Altholländische Gänsebrett). Das Spiel hatte eine merkwürdige Anziehungs-
kraft für mich. Ich schaute es mir an, als hätte ich es nie
zuvor gesehen.

Ich spielte es einige Male, allein und mit anderen. Das
machte Spaß, mehr aber auch nicht. Es ist kein beson-
ders spannendes Spiel. Trotzdem ließ es mich nicht los.
Ich ertappte mich regelmäßig dabei, daß ich über die
Kombination von Zahlen und Symbolen nachdachte.
Was hatte die Einunddreißig mit *dem Brunnen* zu tun
und warum war das Kästchen der Dreiundsechzig *das
Ende?* Allmählich ging mir auf, daß das Spiel, wie der
Tarot, ein Lebensspiel ist und daß die Symbole
(Brücke, Herberge, Brunnen, Irrgarten, Gefängnis und
Tod) die Hindernisse auf dem Lebensweg darstellen.
Ich fing an, das Gänsebrett nachzuzeichnen, auf meine
eigene Art und Weise, die Spiralform, die Zahlen und
die Symbole.

Jetzt war ich wirklich im Banne des Spiels und ich
beschloß, einen Artikel über den Ursprung und die
Symbolik des Gänsebretts zu schreiben. Daran habe
ich lange gearbeitet. Ich fand es schwierig, mein intui-
tives Wissen in Gedanken auszudrücken, aber das

Thema faszinierte mich weiter. Wieder sah ich, daß Zahlen gewissermaßen die Familiennamen sind, um die sich Bilder/Symbole gruppieren. Erst jetzt sah ich aber bewußt, daß die «Familie» der Zahl eine bestimmte, mehr oder weniger ausgeprägte Qualität darstellt, und ich tat mein Möglichstes, diese Qualität zu benennen. Ich legte Listen der Zahlen und der Stellen an, wo ich in Mythen und Märchen und den großen Büchern der Menschheit auf diese Zahlen gestoßen war. Verschiedene Kulturen, stellte ich fest, assoziieren verschiedene Symbole und Gestalten mit einer bestimmten Zahl. Sah ich Übereinstimmungen? Ja, zum Beispiel bei der Zahl zweiundvierzig (das Labyrinth auf dem Gänsebrett). Im Ägyptischen Totenbuch gibt es zweiundvierzig Götter, die man mit ihrem geheimen Namen nennen muß, wenn man ins ewige Leben eintreten will; das jüdische Volk hielt auf seiner Wüstenwanderung an zweiundvierzig Plätzen Rast; als der griechische Held Theseus den Minotaurus im Labyrinth besiegte, hatten vor ihm zweiundvierzig Jünglinge mit dem Ungeheuer gekämpft und waren verschlungen worden; und so weiter, denn diese Zahl kommt an viel mehr Stellen vor. Die Übereinstimmung, die ich feststellte, war die Tatsache, daß die Zahl zweiundvierzig bei allen Quellen mit einer Wanderung durch einen Irrgarten (allgemein ausgedrückt: mit der Suche nach dem Gelobten Land) zu tun hatte, wobei der Irrgarten die stoffliche Welt von Raum und Zeit symbolisierte.

So erarbeitete und fand ich einen Begriff zu jeder

Zahl, die beim Gänsebrett eine Rolle spielt. Dann ergab sich die folgende Frage: Wenn das Gänsebrett, wie ich annehme, ein Lebensspiel ist, entsprechen die Zahlen dann auch dem jeweiligen Alter des Menschen? Mit anderen Worten: Setzt mit dem zweiundvierzigsten Geburtstag das Jahr des Irrgartens ein und die Suche nach dem Weg durch das Labyrinth?

Diese Frage habe ich vorläufig mit Ja beantwortet. Ich sah viele Parallelen zwischen den Lebensjahren und der symbolischen Bedeutung der Zahlen, aber ich fragte mich, ob das reiner Zufall sei oder ob es einen tieferen Zusammenhang gebe. Vorerst habe ich es dabei belassen. Ich schrieb den Artikel fertig und hatte das Glück, daß er gleich in einer Zeitschrift gedruckt wurde.

Kosmische Muster

Einige Jahre später, 1970, schrieb ich ein Buch über die archetypischen Muster (wie ich die den Mythen, Symbolen und Zahlen zugrundeliegende Wirklichkeit inzwischen nannte) in der Astrologie der Inder und der Chinesen. Wieder tauchten die Zahlen auf, jetzt in Verbindung mit astrologischen Symbolen wie Sonne, Mond, Jupiter und Saturn. Man könnte sagen, daß es ein Buch über die astrologischen «Kinder» in den «Familien» der Eins, der Drei, der Sieben und der Zwölf geworden ist. Außerdem ist es ein Buch über die Zeit, über die zyklischen Muster in der Zeit und wie sie sich in unserem Denken und Fühlen spiegeln.

Den Astrologen zufolge haben die Planeten eine unmittelbare Wirkung auf das Leben des Menschen. Das ist nicht der einmalige Effekt einer Art kosmischen Stempels, den der Mensch bei seiner Geburt aufgedrückt bekommt. Nein, es ist ein wiederkehrender Effekt. Der Geburtsstempel wird im Laufe des Lebens wieder und wieder von Sonne, Mond und Planeten aktiviert. Das wirkt sich dann besonders aktiv aus, wenn ein Planet oder ein Licht (wie Sonne und Mond bezeichnet werden) zu dem Punkt zurückkehren, wo sie bei der Geburt standen. Jeder Planet oder jedes Licht hat eine bestimmte Umlaufzeit. Jupiter zum Beispiel braucht zwölf Jahre, bis er wieder an den Ausgangspunkt zurückkehrt, und Uranus vierundachtzig Jahre. Die Sonne braucht, von der Erde aus gesehen, etwas über dreihundertfünfundsechzig Tage dazu. Das ist unser Jahr. Der Tag unserer Geburt jährt sich, wenn die Sonne wieder an derselben Stelle am Himmel steht, wo sie sich bei unserer Geburt befand.

Die Einheit eines Jahres ist für uns auf der Erde eine wesentliche Grundlage. In einem Jahr gehen wir durch vier Jahreszeiten; wir erleben alle möglichen Phasen des Lichts und des Dunkels.

Ich begriff nun, daß so ein Jahr wirklich eine Einheit ist und daß die Zahl eines bestimmten Alters nicht nur eine Quantität, sondern auch eine Qualität ausdrückt.

Ein Zahlengenie

Ungefähr zu derselben Zeit bekam ich von einem Freund ein Bündel Aufzeichnungen über Zahlen. Er hatte sie aus dem Nachlaß eines mir völlig Unbekannten herausgefischt. Es stellte sich heraus, daß diese Aufzeichnungen für mich von unschätzbarem Wert waren, obwohl es fast zwanzig Jahre gedauert hat, bis ich sie wirklich vom Anfang bis zum Ende erfassen konnte. Der oder die mir Unbekannte war ein Genie auf dem Gebiet der Zahlen, und wenn ich dem, was es geschrieben hat, jetzt auch folgen kann, so fühle ich mich doch immer noch wie ein Zaunkönig auf dem Rücken eines Adlers.

Was ich auf der Stelle begreifen konnte, waren die Notizen über die Primzahlen (Zahlen, die nur durch eins oder sich selbst teilbar sind – zum Beispiel drei oder siebenundreißig). Von allen Primzahlen bis hundertsiebenundzwanzig gab es eine kurze Beschreibung ihrer Bedeutung. Man könnte sagen, daß die Primzahlen die einzigen echten Zahlen und daß alle anderen Zahlen Mischformen von einer oder mehreren Primzahlen sind. Die Zahl zweiundvierzig beispielsweise ist eine Mischform von zwei, drei und sieben ($42 = 2 \times 3 \times 7$).

So gesehen läßt sich das Symbol zweiundvierzig in die Symbole zwei, drei und sieben zerlegen. Mit anderen Worten: Der Rhythmus der Zwei, der Rhythmus der Drei und der Rhythmus der Sieben begegnen sich in der Zweiundvierzig. Die Vervielfachungen der Primzahlen geben die Rhythmen in der Welt der Zahlen an – in der archetypischen Welt also.

In den darauffolgenden Jahren wandte ich das, was ich von den Zahlen wußte, auf die Lebensjahre der Menschen an, die ich kannte. Manchmal machte ich ihm oder ihr zum Geburtstag ein kleines Porträt von dem, was das nächste Jahr von der Zahlensymbolik her zu bieten hatte. Ich machte das sehr gern, und die Beschenkten freuten sich. Es waren Jahre, in denen ich die archetypische Wirklichkeit an der täglichen Praxis prüfte.

Das archetypische Lebensalter

Ich komme nun zum Ende meiner Geschichte. In den letzten Jahren schrieb ich, gemeinsam mit anderen, eine Reihe von Büchern über spirituelle Psychologie. Die Krönung unserer Arbeit wurde ein Buch über Wachstum und Einweihung*. Dieses Buch erzählt von den Möglichkeiten, während des Daseins in Zeit und Raum geistig zu erwachen. Die Betonung liegt auf dem Sprunghaften des Wachwerdens.

Als das Buch fertig war, kam plötzlich mein Interesse

---

* Hans Korteweg, Hanneke Korteweg-Frankhuisen, Jaap Voigt *De Grote Sprong – over groei en inwijding*, Servire, Cothen, 1990 (deutsche Übersetzung von H. Höhr in Zusammenarbeit mit Th. Kierdorf: *Den Sprung wagen, Von Krisen, die zu Chancen werden*, Aurum Verlag, Braunschweig, 1993.)

an Zahlen und Zahlenverbindungen in aller Heftigkeit zurück. Ich beschloß, ein Buch über das Leben des Menschen mit einem Porträt von jedem Lebensjahr zu schreiben. Gleichzeitig wollte ich eine Art Gegenstück zu *Den Sprung wagen* schreiben und aufzeigen, wie das Leben in Zeit und Raum die Möglichkeit bietet, ein ganzheitlicher Mensch zu werden. Jahr um Jahr.

Ich sammelte das Material, das ich hatte, und stand dann vor der Frage: Wenn ich vom Leben des Menschen spreche, wie lang ist dann eigentlich ein Menschenleben? Ist das die durchschnittliche Lebensdauer, oder soll ich bei zweiundsiebzig oder achtzig aufhören? Die durchschnittliche Lebensdauer kam nicht in Frage. Ich war nicht am Durchschnittsleben des Menschen interessiert, sondern an seinem möglichen Leben. Ich wollte beschreiben, wie das Leben sein kann, wenn man in sich selbst Himmel und Erde zusammenbringt – die archetypische Wirklichkeit und die konkrete Wirklichkeit von Raum und Zeit. Es ging nicht darum, wie alt der durchschnittliche Mensch wird, sondern um die Frage: Wie alt wird der archetypische Mensch?

Darauf läßt sich keine absolute Antwort finden. Es gibt keine archetypische Enzyklopädie, in der man die Antwort auf solche Fragen nachschlagen kann. Es besteht eine Reihe von Möglichkeiten zwischen fünfundsechzig und hundert (davon lagen fünfundsechzig, siebzig, zweiundsiebzig, achtzig, vierundachtzig und hundert für mich auf der Hand), und aus diesen Möglichkeiten trifft man persönlich seine Wahl. Schließlich habe ich mich endgültig für das Alter von vierundachtzig Jahren entschieden. In diesem respektablen Alter kommen die großen Lebenszyklen der Drei und der Vier zusammen (darauf komme ich in der Allgemeinen Erläuterung noch zurück). Zwölf Lebensphasen von sieben Jahren werden im vierundachtzigsten Lebensjahr vollendet; zwölf als die Zahl des «Seins in der Zeit» mal sieben, die Zahl der «liebevollen Schöpfung». Mit vierundachtzig Jahren ist man viermal erwachsen, oder archetypisch ausgedrückt: Die vier Elemente des Seins (Feuer, Erde, Luft und Wasser) sind dann erfüllt. Vierundachtzig ist astrologisch gesehen siebenmal die Umlaufzeit von Jupiter und einmal die von Uranus. Von der Vierundachtzig ausgehend ist das Labyrinth die Mitte des Lebens. Und so gibt es noch viele Argumente, die ich hier nicht alle anführen kann.

Archetypisch gesehen setze ich also die Lebensspanne des Menschen auf vierundachtzig fest. Ich hoffe, es ist klar, daß ich damit nicht sage, es habe keinen Sinn, älter als vierundachtzig zu werden, oder man könne nur ein vollendeter Mensch werden, wenn man dieses Alter erreicht.

Zunächst habe ich mein Material über die Jahre von null bis vierundachtzig in geschriebene Porträts umgesetzt. Dabei tauchte sofort der nächste kritische Punkt auf. Ich merkte nämlich, daß ich mich davor hüten mußte, eine Art spirituelles Kochbuch zu schreiben. Ich kann zwar über die Möglichkeiten, über archetypische

Muster und Impulse schreiben, aber nichts von dem, was ich über die Lebensjahre schreibe, hat einen objektiven, verbindlichen Wert.

Dieses Buch ist weder ein Kochbuch noch ein Gesetzbuch. Ich beschreibe archetypische Einflüsse, keine Resultate. Aus diesen Einflüssen macht der Mensch Resultate. Das Archetypische hat keine endgültige Form, es nimmt eine bestimmte Gestalt an, weil jemand auf eine bestimmte Art darauf anspricht.

Das möchte ich an einem Beispiel erläutern. Ich nenne die Periode von zweiundvierzig bis dreiundsechzig Jahren die Herbstperiode des Lebens. Diese allgemein menschliche Tatsache besagt nichts darüber, wie jemand sich in dieser Periode fühlt oder verhält. Wie in der Herbstzeit, die wir jedes Jahr durchmachen, wird der eine auf das «Fallen der Blätter» mit dumpfer Verzweiflung reagieren und der andere mit einem Glücksgefühl: «Ach, ist das herrlich!» Die persönliche Antwort auf den archetypischen Impuls ist bestimmend. Und meiner Meinung nach geht es noch ein Stück weiter: Nur dann wird man der, der man ist, wenn man eine persönliche Antwort auf die Fragen und Impulse des Lebens gibt.

Mit diesem Kredo, das zugleich eine Warnung an den Leser enthält, komme ich zum Ende meiner persönlichen Geschichte. Abschließend möchte ich noch eine allgemeine Erläuterung zu den Zahlenrhythmen geben, die das Muster bilden, das den einzelnen Lebensjahren zugrunde liegt.

Allgemeine Erläuterung

Es gibt viele Systeme, nach denen sich Zahlen einordnen lassen (zum Beispiel das der Primzahlen, das ich in der Persönlichen Erläuterung anführe), und in fast jeder Zahl überkreuzen sich eine Reihe solcher Systeme. Bei meiner Beschreibung der einzelnen Lebensjahre habe ich mich ständig auf das Gewebe abgestimmt, das diese Systeme bilden.

Zu den unterschiedlichen Systemen und ihren Übereinstimmungen wäre vieles zu sagen, aber das meiste würde über den Rahmen dieses Buches hinausgehen. Dieses Buch soll ja nicht in erster Linie ein Buch über Zahlen sein. Daher beschränke ich mich hier auf die Beschreibung der Rhythmen der Eins, der Drei und der Vier, die unmittelbar mit den zwölf Lebensphasen von je sieben Jahren in Verbindung stehen.

Eins und eins

Der Grundrhythmus ist ohne jeden Zweifel der Rhythmus der Eins. Es ist der Rhythmus der Einheit, die allem zugrunde liegt, die alles umfaßt und alles zum Ausdruck bringt. Jede Zahl manifestiert diese Einheit.

Der Rhythmus der Eins ist das erste Einmaleins, das wir lernen. Der Anfang ist die Eins. Dazu kommt noch eine Eins. Das macht zwei. Und so geht es weiter. Drei, vier, fünf, hundert, tausend, eine Million, und so weiter. Immer wieder fügt sich eine Eins an das bereits Bestehende an. Immer weiter und weiter. So entstehen die Zahlen und so, sagt der Mythos, entsteht alles.

Alles geht historisch gesehen aus der Einheit des Urbeginns hervor, und alles wird jeden Moment neu aus der Einheit erschaffen. Es scheint so, als gebe es eine fortlaufende Linie durch die Zeit, eine Linie der Kausalität, in der zahlenmäßig ausgedrückt die Zweien und die Dreien und alle die anderen Zahlen ein selbständiges Leben führen, aber von der Einheit her gesehen ist das eine Illusion. Alles ist eine fortwährende Schöpfung. Eine ständig neue Chance.

Das Leben als Ganzes ist eins. Geburt und Tod sind darin enthalten. Aus dieser Einheit wird uns Jahr um Jahr, wie ich im Vorwort schrieb, ein unserem Alter entsprechendes Geschenk angeboten, das wir auspacken und in unser Dasein aufnehmen können oder nicht. Das ist der Impuls oder die Inspiration von der Einheit her – immer wieder ein anderer Ausdruck des Lebens. Dieses Geschenk aus der Einheit können wir annehmen oder aber ablehnen, zum Beispiel, wenn wir es zu gefährlich finden. Neue Möglichkeiten sind nun einmal riskant. Man kann nicht freibleibend Gebrauch davon machen. Meistens muß man etwas Altes und Vertrautes loslassen, um das Neue in sein Dasein aufnehmen zu können. Das schmerzt, ist störend und beunruhigend. Aus diesem Grund läßt man sich um der alten vertrauten Wirklichkeit willen oft lieber nicht auf das Neue ein. Das scheint der bequemste Weg zu sein, aber so wird man die Probleme nicht los, denn auch für das Geschenk, das man ablehnt, muß man einen Preis zahlen: Der Impuls oder die Inspiration, vor denen man sich verschließt, verformen sich und nehmen eine dämonische Gestalt an. Das, was wir unterlassen haben, kehrt sich gegen uns und macht uns das Leben sauer mit all den Unannehmlichkeiten, die wir mit einem Sammelbegriff «unser Schicksal» nennen.

Regelmäßig habe ich bei meiner Beschreibung der einzelnen Jahre darauf hingewiesen, wie das abgelehnte Lebensgeschenk sich verformen kann und zu welcher Art von Schicksal das führt.

Zum Glück ist das von uns selbst heraufbeschworene Schicksal nicht endgültig. Es vollzieht sich «nur» so lange, wie wir die Geschenke des Lebens ablehnen. Immer wieder, jeden neuen Moment, besteht die Gelegenheit, etwas wiederherzustellen, und in dem großen Lebensrhythmus gibt es sogar bestimmte Phasen, die weitgehend im Zeichen der Wiederherstellung stehen. So kann beispielsweise die Lebensphase um die Vierzig – die sogenannte «Midlife-crisis» – das, was in der Pubertät nicht bewältigt wurde, von neuem in Frage stellen und doch noch lösen.

Damit kommen wir zu dem so wichtigen Thema der Lebensphasen. Bevor wir näher darauf eingehen, müssen wir erst die Rhythmen der Drei und der Vier kennenlernen – die Basiselemente der Lebensphasen.

Dreimal achtundzwanzig

Der große Rhythmus der Drei wird auch das Gesetz des *Aufsteigens, Leuchtens und Versinkens* genannt. Dieses Gesetz ist bekannt. Man begegnet ihm überall. Alles, was in der Zeit entsteht, unterliegt diesem Gesetz – von Rosen und Vögeln, Menschen und Planeten bis zu den Sternen.

Das gilt im Kleinen wie im Großen. Im Kleinen hat jeder Moment (aber auch jeder Gedanke oder jeder Kontakt) einen Anfangspunkt, wo er gewissermaßen aus dem Nichts entsteht, einen Mittelteil, wo er seine volle Form annimmt, und einen Endpunkt, wo er vorbei ist. Im Großen schwingt dieser Rhythmus im gesamten Dasein mit, von der Geburt bis zum Tod. Alles, was geboren wird, kennt Wachstum. Im Wachsen strahlt es einen Moment oder mehrere, und dann vergeht es wieder.

Das erste Drittel der archetypischen Zeitdauer von vierundachtzig Jahren, die ersten achtundzwanzig Jahre also, stehen im Zeichen des *Aufgehens*, der zweite Teil steht im Zeichen des *Leuchtens* und der dritte Teil in dem des *Versinkens*.

In der ersten dieser drei Perioden geht es um Wachsen, Wachsen und noch einmal Wachsen. Der Mensch macht ein enormes physisches Wachstum durch, vom Säugling bis zum Erwachsenen; er entwickelt sich im emotionalen Bereich – sein System der Sympathien und Antipathien kristallisiert sich heraus –, und er macht eine unglaublich große mentale Entwicklung durch.

Außerdem lernt er in den ersten achtundzwanzig Lebensjahren, wie es ist, ganz für sich zu stehen *und* sich zu seiner Umgebung zu verhalten; er wird sowohl ein selbständiges als auch ein soziales Wesen. Zusammenfassend können wir feststellen, daß diese erste Periode die Lebensphase des *Aufbaus der Persönlichkeit* ist.

Am Ende dieser achtundzwanzigjährigen Periode wird der Mensch vor die Wahl gestellt: Will er ein selbständiges Individuum werden, das auf eigene Weise seinen Weg im Leben sucht und so seinen kreativen Beitrag leistet, oder will er um jeden Preis weiter in einer bestimmten Gruppierung bleiben, «zu der er gehört». Wenn er sich für letzteres entscheidet, kann er als erwachsene Persönlichkeit ausgezeichnet seine soziale Aufgabe erfüllen und es in einer bestimmten Funktion sehr weit bringen. Von außen besehen kann es ihm dann auch in der nächsten Lebensphase glänzend gehen, aber tief im Innern fehlt etwas. Äußerlich kann er großartig mitmachen, innerlich bleibt er immer mehr zurück. Wer es nicht wagt, unbeliebt zu sein, bleibt ein Kind seiner Umgebung und wird nie ein Individuum. Wenn er die erste Möglichkeit wählt, wird die folgende Lebensphase sich durch eine Neuorientierung kennzeichnen, die möglicherweise zu einer Wandlung des in den ersten achtundzwanzig Jahren geformten Charakters führt. Die Persönlichkeit kann dann ein Individuum werden, das eine einmalige Bestimmung erfüllt und kreativ ist. Aus diesem Grunde bezeichne ich in diesem Buch die zweite Periode auch als die Lebensphase der *Individuierung*.

Für jeden Menschen ist die Periode von achtundzwanzig bis sechsundfünfzig eine Zeit großer Produktivität. In diesen achtundzwanzig Jahren entsteht um den Menschen herum alles mögliche; er bekommt einen Arbeitskreis, einen Freundeskreis, häufig findet er einen Partner, bekommt Kinder und sammelt Besitztümer. Am Ende der zweiten Periode – um das sechsundfünfzigste Jahr – kommt man wieder an eine Wegegabelung. Jetzt ist es die Frage, ob man erkennt, daß das Leuchten vorbei ist und das Versinken einsetzt, und ob man dieses Versinken als eine neue Lebensmöglichkeit auffassen will. Wenn man nichts als ewig jung und aktiv und produktiv bleiben will, kann man nicht in die neue Phase eintreten und auch deren Früchte nicht pflücken. Dann kann man vielleicht noch einige Zeit über seine «vitalen Verhältnisse» leben und tun, als habe man das ewige Leben, aber man kann das künstlich fortgesetzte Wachsen nicht bis ins Unendliche durchhalten. Immer kommt es zu einem Zusammenbruch, der viel drastischer ist als der allmähliche Übergang zum Versinken. Wenn man bewußt in die dritte Periode – von sechsundfünfzig bis vierundachtzig oder weiter – eintritt, kann das Versinken im physischen Sinne den Weg zur Vergeistigung öffnen. Man kehrt zum Ursprung zurück, und ein neues Interesse an den Lebensfragen stellt sich ein. In der zweiten Periode stand meistens die Zweckmäßigkeit im Mittelpunkt, in der dritten Periode geht es um die Sinngebung angesichts des Todes. Diese dritte Periode nenne ich darum die Phase des *geistigen Lebens*.

Der Werdegang von Aufgehen, Leuchten und Versinken ist linear. Er beginnt mit der Geburt und endet mit dem Tod. Es ist, mit einem chinesischen Begriff, ein Yang-Weg; es geht auf Biegen und Brechen.

Man ergreift seine Chance, man lernt und steht einen Wandlungsprozeß durch, oder aber es ist zu spät und man kämpft für eine verlorene Sache; vorbei ist vorbei. Es geht darum, zu manifestieren oder nicht zu manifestieren. Man lebt vollkommen bewußt und wird so letzten Endes unvergänglich, oder man läßt sich leben und geht schließlich verloren.

Viermal einundzwanzig

Neben dem linearen Werdegang der Drei kennen wir in der Zeit die Einteilung in vier Abschnitte: der Rhythmus des zyklischen Erfahrungsweges. Vier ist die Zahl der ewig währenden Beziehung der zwei großen Kräfte Licht und Dunkel, die wir wie folgt beschreiben können: das zunehmende Licht, die Erleuchtung des Dunkels, das zunehmende Dunkel, die Verdunklung des Lichts. Diese vier Phasen treffen wir überall in unserer zyklischen Zeitrechnung an. Bei einem Tag unterscheiden wir die vier Tageszeiten: Morgen (das zunehmende Licht), Mittag (die Erleuchtung des Dunkels), Abend (das zunehmende Dunkel) und Nacht (die Verdunklung des Lichts); in einem Monat (Mond) kennen wir die vier Wochen, die mit den vier Mondphasen übereinstimmen; das Sonnenjahr teilen wir in vier Jahreszeiten ein. Bei allen diesen Aufteilungen in vier Phasen geht die vierte immer in eine neue erste Phase über. Der zyklische Weg kennt kein definitives Ende – Frühling wird Sommer, Sommer wird Herbst, Herbst wird Winter und Winter wird wieder Frühling.

Der Rhythmus der Vier läßt sich im menschlichen Leben deutlich unterscheiden. Bis zu etwa seinem einundzwanzigsten Jahr ist der Mensch im Frühling seines Lebens. Die Vitalität erreicht einen Höhepunkt zwischen dem einundzwanzigsten und dem zweiundvierzigsten Jahr – dann ist es Sommer. Der Herbst des Lebens setzt um das zweiundvierzigste Jahr ein – die Vitalität nimmt ab, die Früchte des Daseins werden sichtbar und können geerntet werden. Der Winter beginnt um das dreiundsechzigste Jahr – eine Periode der Ruhe und Einkehr fängt an. Im Alter von vierundachtzig Jahren (oder beim Tod) ist der Zyklus zu Ende und ein neues Leben kann beginnen: ein neuer Zyklus.

Im Zyklus der Vier erneuert sich das Leben ständig. Eine große Milde herrscht; nichts ist für immer verloren, es gibt immer eine neue Chance. Die irdische, tragende, mütterliche Seite des Daseins drückt sich im Rhythmus der Vier aus. Es ist, mit einem Begriff der Chinesen ausgedrückt, ein Yin-Rhythmus.

Drei und vier

Die Drei ist die Zahl von Väterchen Zeit, das sagt: «Stunden, Tage, Monde, Jahre fliehen wie ein Schatten dahin.» Vier ist die Zahl von Mütterchen Zeit. Es sagt: «Auf Regen folgt Sonnenschein.» Es scheint vielleicht, als ob diese beiden im Lebensrhythmus unabhängig voneinander existieren. Aber ganz im Gegenteil. Sie gehören zueinander. Sie durchdringen sich und sie ergänzen sich. Das ist eine gute Sache, denn jedes für sich ist zu einseitig. Das lineare Prinzip des Aufgehens, Leuchtens und Versinkens ist ohne die Ergänzung des zyklischen Prinzips zu hart und zu einseitig auf einen Punkt ausgerichtet. Und der Zyklus von Licht und Dunkel ist ohne das lineare Prinzip viel zu sehr eine ständige Wiederholung seiner selbst.

Das Urmuster des Lebensrhythmus weist den Weg zur Ganzheitlichkeit. Das Lineare und das Zyklische stehen sich nicht feindlich oder isoliert gegenüber, sie sind miteinander verflochten.

Jede Periode von achtundzwanzig Jahren ist in vier Lebensphasen von sieben Jahren eingeteilt. So drückt das Zyklische sich im Linearen aus.

Umgekehrt setzt jede Zeitspanne von einundzwanzig Jahren sich aus drei Perioden von sieben Jahren zusammen. So drückt das Lineare sich im Zyklischen aus.

Es gibt also in der gesamten archetypischen Lebensdauer von vierundachtzig Jahren zwölf Lebensphasen von sieben Jahren. Die Zwölf ist von alters her die Zahl der Zeit und das Leben in der Zeit – der Tag kennt zwölf Stunden, das Jahr hat zwölf Monate, und es gibt zwölf Sternkreiszeichen. In der Zwölf kommen die zyklische und die lineare Zeit zusammen.

In jeder Lebensphase trifft ein Aspekt des Rhythmus der Drei auf einen Aspekt des Rhythmus der Vier. Ständig entstehen neue Beziehungen. Das Leben ist ein Flechtwerk von männlichen und weiblichen, von Yang- und Yin-Rhythmen, die ursprünglich eins sind. Im Laufe des Lebens gehen der Yin-Rhythmus und der Yang-Rhythmus auseinander. Erst in der letzten Phase kommen sie wieder ganz zusammen. Dann schließt sich der Kreis.

Jede Periode von sieben Jahren können wir als eine bestimmte Phase auf dem Weg von der Einheit über die Dualität zu einer neuen Einheit sehen – ein Stadium auf dem linearen Weg der Entwicklung sowie auf dem zyklischen Weg der Erfahrung. Die zwölf Lebensphasen lassen sich jeweils mit zwei Begriffsgruppen (Aufgehen, Leuchten, Versinken und Frühling, Sommer, Herbst, Winter) als die Begegnung des Yang-Weges und des Yin-Weges beschreiben.

Die im Telegrammstil gegebenen Stichworte lassen sich ganz einfach in eine verständliche Sprache übersetzen. Als Beispiel möchte ich das «Telegramm» der sechsten Phase (von fünfunddreißig bis zweiundvierzig) anführen: In dieser Lebensperiode empfindet man manchmal etwas Wehmut, weil die «sonnigste Zeit» fast vorbei ist, aber durch die Fülle des Lebens, den Reichtum der Farben und Formen und Entdeckungen verflüchtigt sich die Wehmut meistens sofort wieder (das Versinken des Sommers). Es werden große Leistungen vollbracht, man ist in der Fülle seiner Kraft, und man gibt seiner Individualität auf eine ausgesprochene Weise Form, viel mehr schöpferisch als nachdenkend (der Sommer des Leuchtens). Am Ende dieser Periode, um die Vierzig, nimmt die Selbstreflexion zu, die Wehmut von einst kann zu Schwermut werden, man fängt an, sich Fragen zu stellen und an Sicherheiten und Zielen zu zweifeln – die siebte Lebensphase kommt näher (das Aufgehen des Herbstes und der Herbst des Leuchtens).

Die zwölf Stichwortfolgen bilden die Grundlage für die Beschreibung der Lebensphasen, die jede Periode von sieben Jahren in diesem Buch einleitet. Ich beschließe die Allgemeine Erläuterung mit dem vollständigen Text über die zwölf Lebensphasen.

Im Überblick

Die erste Phase – 0 bis 7 Jahre
Aus dem Himmel

Der allererste Beginn des Menschendaseins. Aus dem Unbekannten kommt das Kind auf die Erde. Es bekommt einen Namen, und die Eltern nennen es *ihr* Kind, aber zunächst ist es mehr ein Kind der Einheit als der Welt der Dualität. Es kennt sich selbst noch nicht als ein «Ich», und es unterscheidet sich noch nicht von der Umgebung.

In bezug auf seine Bedürfnisse (Nahrung, Wärme, Liebe und so weiter) ist es vollkommen von der Umgebung abhängig. Ohne die Hilfe der Umgebung würde es innerhalb kurzer Zeit sterben.

Allmählich entsteht in dem Kind ein erstes Ich-Bewußtsein. Es wird schüchtern und es entwickelt einen bestimmten Charakter. Von jetzt an ist es nicht mehr ständig in die Einheit eingebettet. Es verläßt das Paradies.

Parallel dazu ist das Kind körperlich enorm gewachsen. Es hat außerordentlich viel gelernt, kann laufen und sprechen, ist sauber und hat eine große Handfertigkeit erworben. Es will alles wissen. In keiner Lebensphase geschieht so viel wie in dieser ersten Phase. Aus dem Neugeborenen wird ein Kleinkind, es kommt ins Kindergartenalter und wird schulreif. In den vorhergegangenen Jahren war es aber immer noch ein Kind des Himmels. Nun geht es in die Welt hinein.

Die zweite Phase – 7 bis 14 Jahre
Wer ich alles bin

Das Kind lernt die vielen verschiedenen Facetten seiner selbst kennen. Es wächst in jeder Hinsicht. Jetzt bekommt es wirkliche Freunde und Freundinnen. Es gehört zu einer bestimmten Gruppe. Es fängt an, sich zu einer bestimmten Persönlichkeit zu entwickeln.

Am Ende dieser Periode ist es groß geworden. Groß, wie es nun ist, stößt es an die Grenzen seiner Existenz. Noch immer hat es einen Gefühlskontakt zu der Einheit, aus der es hervorgegangen ist, aber Raum und Zeit und die Entdeckungen, die es darin macht, nehmen seine Aufmerksamkeit fast ganz in Anspruch.

Die dritte Phase – 14 bis 21 Jahre
Das Rad dreht sich

Gegensätze treten in den Vordergrund. Innerer Kampf. Kampf mit der Umgebung. Das Lebensrad dreht sich, und was unten war, kommt nach oben. Eine alles-umfassende Neuorientierung. Der Kopf kämpft mit dem Herzen. Der Denker wird ein Fühlender, der Fühlende wird ein Denker.

Es entstehen eigene Normen und Werte. Von der Familie wird Abschied genommen. Das Lebensschicksal nimmt im Kontakt mit anderen Menschen sichtbare Form an. Die Sexualität wird lebendig.

Der Jugendliche sieht die Menschen als Jungen und Mädchen, Männer und Frauen. Er spielt und entdeckt, und er weicht zurück und verschließt sich. In dieser Periode wird das Verhalten zum eigenen und zum anderen Geschlecht oft für den Rest des Lebens festgelegt.

Wenn sich das Rad am Ende dieser Phase einmal ganz herumgedreht hat, kommt es zu einer gewissen Entspannung. Der junge Mensch überblickt die Welt und sagt: «So funktioniert das also!»

Die vierte Phase – 21 bis 28 Jahre
Allein und gemeinsam

Der junge Mensch nimmt Abschied von den alten Gruppen, zu denen er gehörte. Es kommt zu tieferen persönlichen Freundschaften, Liebesbeziehungen und weiterreichenden sozialen Kontakten.

Auch das Verhältnis zu der ersten Gruppe, zu der er gehörte – der Familie –, ist wieder in Frage gestellt. Er entwickelt sich weiter und lernt weiter. Er ist jemand geworden, jemand mit einer eigenen Meinung und Lebensrichtung. Er experimentiert mit seinen Talenten, tut dies, tut das, aber seine wirkliche Form hat er noch nicht gefunden. Es ist noch immer die Zeit des Lernens.

Am Ende dieser Periode ist die Aufbauphase der Persönlichkeit vorbei. Der Mensch ist dann das, was man erwachsen nennt.

Die fünfte Phase – 28 bis 35 Jahre
In die Welt hinein

Ins volle Leben hinein. Die Lehrjahre sind vorbei. Die einmalige Lebensaufgabe kommt zum Bewußtsein. Der Mensch bekommt, bestimmt am Anfang dieser fünften Phase, Impulse zu verarbeiten, die zu drastischen Veränderungen führen können. Anders als in der Pubertät wird jetzt alles nach außen umgesetzt. Er drückt sich aus, sucht sich eine eigene Form und muß sich dazu aus den alten Formen befreien und sie hinter sich lassen. Allmählich kommt alles zur Ruhe und die Richtung wird deutlich. Auch in bezug auf die Gesellschaft.

Die sechste Phase – 35 bis 42 Jahre
Aufbau des Kristalls

Diese Phase bietet die Möglichkeit, Herz und Kopf *und* Hände – Gefühle, Gedanken und Taten – miteinander zu verbinden, so daß Fühlen und Denken sich einig sind. Man stimmt sein Handeln darauf ab, was man wirklich meint, oder man wird in moralischem Sinne korrupt.

Die volle Form wird erreicht. Alles, was man gelernt und erfahren hat, kristallisiert sich zu einem bestimmten Produkt heraus. Dieses Produkt wird der Gesellschaft angeboten, und dabei ist man sich seiner selbst völlig sicher. So dient man der Kontinuität.

An dem Punkt, wo die von der Gesellschaft geschätzte Kontinuität und die für den Mensch lebenswichtige Diskontinuität sich kreuzen, entsteht die «Midlifecrisis».

Die siebte Phase – 42 bis 49 Jahre
Durch das Labyrinth

Der Herbst des Lebens setzt ein. Man ist über die Hälfte, und man ist sich dessen auch bewußt.

Alles hat man schon einmal getan, und all das Tun hat seine Spuren hinterlassen. Der Mensch ist von selbsterschaffenen Formen umringt, die ihr eigenes Leben führen. Insgesamt bilden diese Schöpfungen das Labyrinth, in dem er sich einen Weg sucht.

Nach und nach fängt er wieder an, die Dinge zu relativieren, aber die Frage, wie man mit dem Unerfüllten umgehen soll, bleibt eine der Kernfragen.

Dies ist eine Periode der Läuterung. Wenn er es wagt, im Dunkel seinen Weg zum Herzen des Labyrinths zu suchen und sich selbst auch so kennenzulernen, wie er nicht sein will, fällt die Beklemmung von ihm ab. Dann wird er sehen, daß die aufgebauten Formen, die Strukturen und Beziehungen, durchaus Ausdruck des Lebens sein können.

Die achte Phase – 49 bis 56 Jahre
Leiten und geleitet werden

Der Mensch leitet und wird geleitet. Daß er durch das Labyrinth hindurchfinden konnte, ist allein dem Faden der Liebe zu verdanken, der ihm immer wieder in die Hände gelegt wurde. Dieses Bewußtsein macht ihn dankbar und gibt ihm das Recht, andere zu leiten.

Die äußere Welt beginnt, an Kraft einzubüßen. Die innere Welt kann mehr zutage treten. Wenn man sich dieser inneren Welt verschließt, bleiben einem zwei Wege offen: Man widersetzt sich dem Zeitgeschehen und versucht krampfhaft, jung zu bleiben, oder man erliegt der Macht der Zeit und wird ein Ausgelöschter. Man zieht Bilanz. Was habe ich wirklich in meinem Leben geleistet? Worauf kann ich stolz sein? Oder war ich doch nicht mehr als ein ersetzbares Rädchen in einer riesigen Maschinerie?

Das Spiel des Leuchtens ist ausgespielt. Der Mensch hat gewonnen oder verloren. Er hat auf jeden Fall verloren, wenn er weiter leuchten will.

Die neunte Phase – 56 bis 63 Jahre
Himmel und Erde

Es kann schmerzhaft sein zu erfahren, daß man das Leben nicht mehr im Griff hat. Die Zeit zerrinnt wie Wasser in den Händen. Alles geht so schnell. Gleichzeitig ist aber das andere Tempo da, tief im Innern – der stetige Herzschlag. Wieder ist die Versuchung groß, daß man sich doch dazu zwingt, sich dem Wirbel der Außenwelt anzupassen. Wer das tut, wird höchstens ein von anderen abgeleitetes Leben führen und schließlich unweigerlich in Schwierigkeiten geraten. Wenn er sich aber nicht auf die Außenwelt abstimmt, sondern auf die Quelle in ihm, wird sich zeigen, daß er selbst ein Zentrum ist. Was er als Zentrum zu bieten hat, sind nicht in erster Linie Sachkenntnisse, sondern Erkenntnisse, weil er Dinge durchschaut. So ist er Vorbild und Stütze.

In dieser Lebensphase beginnt ein alchimistischer Prozeß. Der bietet die Möglichkeit, die Kraft, die seit frühester Jugend in uns brennt, zu Weisheit zu transformieren und auf ein Ziel zu richten. Wer diese Alchimie betreibt, verjüngt sich selbst; er transformiert Vitalität zu Geisteskraft.

Die zehnte Phase – 63 bis 70 Jahre
Schlichtheit

Der Winter des Lebens beginnt. Die Außenseite der Dinge wird immer bedeutungsloser. Der Mensch kann das Dasein genießen, wie es ist.

In dieser Phase zeigt sich, inwiefern er in der Arbeit, die er tat, lebendig geblieben ist. Hat er gearbeitet, weil es nun einmal sein mußte, um «sein tägliches Brot zu verdienen», oder hat er seine Arbeit aus innerer Notwendigkeit heraus getan? Wenn das der Fall war, ist er im Feuer des Alltagsdaseins weder zu Asche verbrannt noch zu Schlacke versteinert, sondern zu Gold geworden. Das «innere Erz» wurde freigesetzt.

Wenn der Mensch in seinem stofflichen Dasein eine kleine Luke zur nicht-stofflichen Welt offengehalten hat, wird er nicht erstarren. Auf Grund seiner Erfahrung kann er dann auf die Fragen des Alltags eine weise Antwort geben. In äußerster Schlichtheit liegt seine stärkste Wirkung.

Die elfte Phase – 70 bis 77 Jahre
Durch den Tod

In dieser Phase ist die Möglichkeit gegeben, den Tod als lebenslänglichen Gefährten zu erkennen und ihm entgegenzugehen. Wo man sich tot hielt, um nicht leben zu müssen, kann das Leben nun zugelassen werden. Diese Lebensperiode bietet die wesentliche Möglichkeit einer neuen Chance. Die letzte Frage in allen Dingen wird gestellt, und die Antwort darf alles erlösen.

Inhärent ist, daß man frei von jeglicher Illusion wird, selbst von der stärksten Illusion, daß man überleben kann, indem man sich in der Zeit fortpflanzt (durch seine Kinder und Enkel, seine Arbeit, seine Schöpfungen, seinen Einfluß). Für den, der frei von Illusionen ist, gibt es nichts mehr, womit er am Zeitgeschehen hängenbleibt, und der Tod, als Bild des Endpunkts, hat keinen Zugriff mehr.

Die Jahre von siebzig bis siebenundsiebzig sind Jahre der Erschöpfung, der Ergebung oder Hinnahme und aller dazwischenliegenden Abstufungen.

Indem man losläßt, wird man aufgenommen. Das Ende des Weges ist in Sicht.

Die zwölfte Phase – 77 bis 84 Jahre
Ewiges Leben

Wenn der Tod nicht mehr an der Grenze der Existenz liegt, ist das Dasein ganz das, was es ist. Von außen her gibt es kein Versprechen oder keine Drohung mehr: keine Zukunft, die etwas bringen kann, was noch nicht da ist, keinen anderen, der etwas gutmachen oder schlechtmachen kann. Die Zeit ist zur Ewigkeit geworden. Das Dasein ist ewiges Leben. Ruhe.

In seiner ersten Phase verließ das Kind das Paradies. Der Rückweg dorthin ist nun gefunden. Einkehr in die Einheit. Es ist vollbracht.

Geburtstagskalender

An jedem Geburtstag können Sie eine Seite dieses Lebensbuches umblättern und lesen, was das Neue ist, das im kommenden Jahr für Sie und Ihre Nächsten Wirklichkeit werden kann.
Notieren Sie hinter den Namen auch das Geburtsjahr, damit Sie wissen, wie alt das Geburtstagskind wird.

Januar

1 _____ _____
2 _____ _____
3 _____ _____
4 _____ _____
5 _____ _____
6 _____ _____
7 _____ _____
8 _____ _____
9 _____ _____
10 _____ _____
11 _____ _____
12 _____ _____
13 _____ _____
14 _____ _____
15 _____ _____
16 _____ _____
17 _____ _____
18 _____ _____
19 _____ _____
20 _____ _____
21 _____ _____
22 _____ _____
23 _____ _____
24 _____ _____
25 _____ _____
26 _____ _____
27 _____ _____
28 _____ _____
29 _____ _____
30 _____ _____
31 _____ _____

Februar

1 _____ _____
2 _____ _____
3 _____ _____
4 _____ _____
5 _____ _____
6 _____ _____
7 _____ _____
8 _____ _____
9 _____ _____
10 _____ _____
11 _____ _____
12 _____ _____
13 _____ _____
14 _____ _____
15 _____ _____
16 _____ _____
17 _____ _____
18 _____ _____
19 _____ _____
20 _____ _____
21 _____ _____
22 _____ _____
23 _____ _____
24 _____ _____
25 _____ _____
26 _____ _____
27 _____ _____
28 _____ _____
29 _____ _____

März

1 _____ _____

2 _____ _____

3 _____ _____

4 _____ _____

5 _____ _____

6 _____ _____

7 _____ _____

8 _____ _____

9 _____ _____

10 _____ _____

11 _____ _____

12 _____ _____

13 _____ _____

14 _____ _____

15 _____ _____

16 _____ _____

17 _____ _____

18 _____ _____

19 _____ _____

20 _____ _____

21 _____ _____

22 _____ _____

23 _____ _____

24 _____ _____

25 _____ _____

26 _____ _____

27 _____ _____

28 _____ _____

29 _____ _____

30 _____ _____

31 _____ _____

April

1 _____ _____
2 _____ _____
3 _____ _____
4 _____ _____
5 _____ _____
6 _____ _____
7 _____ _____
8 _____ _____
9 _____ _____
10 _____ _____
11 _____ _____
12 _____ _____
13 _____ _____
14 _____ _____
15 _____ _____
16 _____ _____
17 _____ _____
18 _____ _____
19 _____ _____
20 _____ _____
21 _____ _____
22 _____ _____
23 _____ _____
24 _____ _____
25 _____ _____
26 _____ _____
27 _____ _____
28 _____ _____
29 _____ _____
30 _____ _____

Mai

1 _____ _____
2 _____ _____
3 _____ _____
4 _____ _____
5 _____ _____
6 _____ _____
7 _____ _____
8 _____
9 _____
10 _____
11 _____
12 _____
13 _____
14 _____
15 _____
16 _____ _____
17 _____ _____
18 _____
19 _____
20 _____
21 _____
22 _____
23 _____
24 _____
25 _____ _____
26 _____
27 _____
28 _____ _____
29 _____
30 _____
31 _____ _____

Juni

1 _____ _____
2 _____ _____
3 _____ _____
4 _____ _____
5 _____ _____
6 _____ _____
7 _____ _____
8 _____ _____
9 _____ _____
10 _____ _____
11 _____ _____
12 _____ _____
13 _____ _____
14 _____ _____
15 _____ _____
16 _____ _____
17 _____ _____
18 _____ _____
19 _____ _____
20 _____ _____
21 _____ _____
22 _____ _____
23 _____ _____
24 _____ _____
25 _____ _____
26 _____ _____
27 _____ _____
28 _____ _____
29 _____ _____
30 _____ _____

Juli

1 _____ _____
2 _____ _____
3 _____ _____
4 _____ _____
5 _____ _____
6 _____ _____
7 _____ _____
8 _____ _____
9 _____ _____
10 _____ _____
11 _____ _____
12 _____ _____
13 _____ _____
14 _____ _____
15 _____ _____
16 _____ _____
17 _____ _____
18 _____ _____
19 _____ _____
20 _____ _____
21 _____ _____
22 _____ _____
23 _____ _____
24 _____ _____
25 _____ _____
26 _____ _____
27 _____ _____
28 _____ _____
29 _____ _____
30 _____ _____
31 _____ _____

August

1 _____ _____
2 _____ _____
3 _____ _____
4 _____ _____
5 _____ _____
6 _____ _____
7 _____ _____
8 _____ _____
9 _____ _____
10 _____ _____
11 _____ _____
12 _____ _____
13 _____ _____
14 _____ _____
15 _____ _____
16 _____ _____
17 _____ _____
18 _____ _____
19 _____ _____
20 _____ _____
21 _____ _____
22 _____ _____
23 _____ _____
24 _____ _____
25 _____ _____
26 _____ _____
27 _____ _____
28 _____ _____
29 _____ _____
30 _____ _____
31 _____ _____

September

1 _____ _____
2 _____ _____
3 _____ _____
4 _____ _____
5 _____ _____
6 _____ _____
7 _____ _____
8 _____ _____
9 _____ _____
10 _____ _____
11 _____ _____
12 _____ _____
13 _____ _____
14 _____ _____
15 _____ _____
16 _____ _____
17 _____ _____
18 _____ _____
19 _____ _____
20 _____ _____
21 _____ _____
22 _____ _____
23 _____ _____
24 _____ _____
25 _____ _____
26 _____ _____
27 _____ _____
28 _____ _____
29 _____ _____
30 _____ _____

Oktober

1 _____ _____
2 _____ _____
3 _____ _____
4 _____ _____
5 _____ _____
6 _____ _____
7 _____ _____
8 _____ _____
9 _____ _____
10 _____ _____
11 _____ _____
12 _____ _____
13 _____ _____
14 _____ _____
15 _____ _____
16 _____ _____
17 _____ _____
18 _____ _____
19 _____ _____
20 _____ _____
21 _____ _____
22 _____ _____
23 _____ _____
24 _____ _____
25 _____ _____
26 _____ _____
27 _____ _____
28 _____ _____
29 _____ _____
30 _____ _____
31 _____ _____

November

1 _____ _____
2 _____ _____
3 _____ _____
4 _____ _____
5 _____ _____
6 _____ _____
7 _____ _____
8 _____ _____
9 _____ _____
10 _____ _____
11 _____ _____
12 _____ _____
13 _____ _____
14 _____ _____
15 _____ _____
16 _____ _____
17 _____ _____
18 _____ _____
19 _____ _____
20 _____ _____
21 _____ _____
22 _____ _____
23 _____ _____
24 _____ _____
25 _____ _____
26 _____ _____
27 _____ _____
28 _____ _____
29 _____ _____
30 _____ _____

Dezember

1 —————————————————— ————
2 —————————————————— ————
3 —————————————————— ————
4 —————————————————— ————
5 —————————————————— ————
6 —————————————————— ————
7 —————————————————— ————
8 —————————————————— ————
9 —————————————————— ————
10 —————————————————— ————
11 —————————————————— ————
12 —————————————————— ————
13 —————————————————— ————
14 —————————————————— ————
15 —————————————————— ————
16 —————————————————— ————
17 —————————————————— ————
18 —————————————————— ————
19 —————————————————— ————
20 —————————————————— ————
21 —————————————————— ————
22 —————————————————— ————
23 —————————————————— ————
24 —————————————————— ————
25 —————————————————— ————
26 —————————————————— ————
27 —————————————————— ————
28 —————————————————— ————
29 —————————————————— ————
30 —————————————————— ————
31 —————————————————— ————

Dezember

1 _____ _____
2 _____ _____
3 _____ _____
4 _____ _____
5 _____ _____
6 _____ _____
7 _____ _____
8 _____ _____
9 _____ _____
10 _____ _____
11 _____ _____
12 _____ _____
13 _____ _____
14 _____ _____
15 _____ _____
16 _____ _____
17 _____ _____
18 _____ _____
19 _____ _____
20 _____ _____
21 _____ _____
22 _____ _____
23 _____ _____
24 _____ _____
25 _____ _____
26 _____ _____
27 _____ _____
28 _____ _____
29 _____ _____
30 _____ _____
31 _____ _____